Z世代の社員マネジメント

深層心理を捉えて心離れを抑止するメソドロジー

小栗隆志

日本経済新聞出版

はじめに

本書は、いわゆる「Z世代」をマネジメントしているものの、彼らとの接し方に悩んでいる方、これから「Z世代」を迎え入れるにあたって不安を持っている方、また「Z世代」を採用してもすぐに退職してしまう状況を経営課題として抱えている方に向けたものです。

そもそも「○○世代」とは何でしょうか？

「団塊」「団塊ジュニア」「ゆとり」など、一定期間の世代を一括りにして、それを特徴的に（時には侮蔑的な意を込めて）表す言葉は、昔からありました。社会人になるまでに受けた教育や社会的情勢、生活スタイルなど、人格を形成させる要因をもとに、ステレオタイプの若手イメージが創り上げられてきました。それらは「最近の若者は……」と揶揄する時や「これまでのマネジメントが通用しない！」などと危機感を煽る時に、都合よく活用されてきたように筆者は捉えています。

筆者はいわゆる「就職氷河期世代」です。高度経済成長期に築き上げられた様々なものがバブル崩壊とともに瓦解していく中、企業が採用を控えていた時期に社会人となりました。

この世代は、世間的に「組織に依存せず、個を重視する」とも言われてきました。しかしながら「個人重視」という特徴は、Z世代においても言われているものです。筆者は「〇〇世代」という表現自体が、「組織に適応している上の世代が、組織になかなか馴染まない若手をうまくマネジメントできないために、それを『世代』というステレオタイプのせいにしている、ただの方便なのではないか」と疑ってきました。

最近では、Z世代という言葉が広く世の中に出回っています。Z世代とは、一般的に1990年代半ばから2010年代序盤にかけて生まれた人々を指します。彼らの特徴としては、デジタルネイティブとして生まれ育ち、インターネットやSNSが日常生活の一部となっています。また自己実現を重視し、働き方においても柔軟性やワーク・ライフ・バランスを求める傾向が強いなどと語られています。彼らが持つ新しい価値観がマネジメントの現場でどのように影響を及ぼすのかを理解し、それに対応することが重要であるという視点のもと、メディアの記事や書籍などで「飲み会には安易に誘ってはいけない」「まずは相手の意思を聞くことが重要」などという方法論が、対応策として紹介されています。

筆者は、これらのZ世代の特徴分析と方法論について、大きな疑問と違和感を抱いていました。前述のように「組織に馴染まない若手を、世代というステレオタイプのせいにしている」と思いますし、「『強引に飲み会に誘わない』『相手の意見を聞く』などということは、そもそも昔から重要だったことなのでは？」とも考えています。そのため、組織人事コンサルタントとしてクライアントと対話をする際、採用やマネジメントについて問われると、筆者は必ず「その本質は変わりません。ステレオタイプな声に振り回されすぎないことが、重要です」と、お伝えしています。

本書の企画をいただいた当初、広く知られる「Z世代論」について懐疑的な筆者が、そのマネジメント手法を著してもよいのだろうかと考えました。しかし、だからこそ、表層的なステレオタイプ視点の方法論や対症療法的なマニュアルではなく、若手に対する本質的なマネジメントのメソドロジー（方法論）を伝えたいという気持ちに駆られ、筆を執るに至りました。

第1章では、〝「働く人間」の真実〟というテーマで、「そもそも働く人間は、どういう心理で活動しているのか」について解説します。これは、時代や環境で変わることのない、人が働くうえでの本質に迫ったものです。それまで楽しそうに働いていた若手が、ある日突然、出社しなくなる、また退職するなどの憂き目に遭ったマネジャーの方々もおられるかと思います。そのようなケースの「働く人間の意思決定の背景」を「個人人格」と「組織人格」という枠組みで分析しています。また、それらの観点を踏まえて、昨今の労働者保護の流れについても紹介します。

第2章では「個人人格」と「組織人格」のフレームを用いて、Z世代の特徴を時代背景や環境変化などの印象情報ではなく、具体的なデータに基づいて浮き彫りにします。使用したデータは、リンクアンドモチベーションが創業時代から提供してきた仕事適性診断ツールによって導かれた延べ45万人分にも及ぶビジネスパーソンの分析結果で、それをもとにZ世代と他の世代との違いを定量的に解説します。併せて、表層的なステレオタイプ論とは異なる、独自見解のZ世代の特徴について紹介しています。

第3章と第4章では、前章で提示したフレームワークやデータに基づくZ世代の特徴をもとに、入社前後において必要なスキルセットやマインドセットを提示します。また第5章と第6章では、「入社後のオンボーディング」というテーマで、若手をどのように惹きつけ続けて、定着してもらい、成長してもらうかについて、具体的なステージ分けと各々のアプローチについて解説します。

第7章では、企業と個人の関係性について、今のトレンドに対する筆者の違和感を踏まえて、必要と考える「在り方」を論じています。

筆者は2002年、リンクアンドモチベーションに新卒一期生として入社し、それから22

年にわたり、組織と個人の在り方についてモチベーションの観点から洞察を重ねてきました。またその間に、キャリアスクールのリンクアカデミー代表として、総勢1000人近い組織を束ね、毎年50人近くを新卒採用してきた経験も積んできました。正直に申し上げますと、若手世代のマネジメントに苦労してきました。その悲哀経験や成功体験も踏まえ、またリンクアンドモチベーションが保有するフレームワークと膨大なデータをもとに、本書の内容を構成しました。

本書が、読者の方々に新たな気づきや視点を提供でき、また経営課題の解決のきっかけとなり、明日以降のマネジメントに少しでも希望を持つことに寄与できれば、筆者として幸甚の至りです。

目次

第2章 延べ45万人のデータで見るZ世代の真実

第3章

第5章 オンボーディングのゴールセット

第6章

第7章 企業と個人の相互繁栄に向けて

第1章

「働く人間」の真実

突然辞める若手社員

転職が当たり前になった今、企業側も一定の若手が退職することはある程度想定したうえでの人事を行っているだろう。だが、昨今の若手社員は何の前触れもなく「突如」として辞めることが多く、想定が狂ってしまうことはないだろうか？　実際に、次のような「突然の退職劇」に絶句する管理職は少なくないだろう。

●

ある広告代理店の営業部で働くAさん（仮名）は入社8年目。これまで数多くのプロジェクトに携わり、顧客対応力とリーダーシップを磨いてきたことが評価され、マネジャーに昇格し、初めて部下を持つことになった。

これまでの努力が認められた喜びを感じるとともに、自分なら部下と信頼関係を築き、適切なマネジメントができるという自信を持っていた。「このチームならきっと素晴らしい成果を上げられる」――。Aさんは新たな挑戦に胸を躍らせていた。

マネジャーになってから、Aさんは定期的に部下とキャリア面談を行っている。これは2週間前、入社3年目のBさん（仮名）とキャリア面談をしていた時のことだ。「自分がこの会社でもっと成長するためには何が必要ですか？ どうしたら成長できますか？」――。Bさんは真っ直ぐな目で聞いてきた。仕事に前向きで、自分の成長に真摯に向き合うBさんを見て、Aさんは嬉しくなると同時に、あらためて上司としての責任を感じた。学生時代からカウンセリングの勉強をしていたAさんは、そこで学んだことを活かし、まずはBさんの日頃の仕事ぶりを承認した。さらに、Bさんの築きたいキャリアや、そのために取り組んでいることなどを丁寧にヒアリングした。そして、「対峙する姿勢」ではなく「寄り添う姿勢」を意識して、自らの経験も交えて様々なアドバイスをした。上司として「Bさんの成長をサポートしたい」――。その一心だった。

「本当にありがとうございました。いただいたアドバイスを活かして頑張ります！ 絶対に第1クォーターの売上目標を達成しましょう！」と言い、Bさんは軽やかな足取りで自席へと戻っていった。Aさんは、「少しは有益な示唆を与えることができたかな」と満足感を覚えるとともに、チームのために頑張りたいと話すBさんから、逆に勇気をもらった。

ところが、である。今朝、Bさんから「ちょっと話があるのですが……」と相談を受けた。普段はあまり目にすることのないような神妙な面持ちである。「じゃあ、場所を変えて話そうか」と、空いている会議室に移動した。そこで腰を下ろすや否や、Aさんは衝撃的な言葉を聞くことになる。

「次の会社が決まったので、来月末で退職させてください」――。青天の霹靂《へきれき》とはこのことだ。Aさんは自分の耳を疑った。動揺のあまり、言葉が出てこない。「来月は有休を消化しますが、今月末まではちゃんと働きます」――。淡々と話すBさんからは、申し訳なさのかけらも感じられない。つい2週間前、あんなに前向きな発言をしていたのと同じ人物とは思えない。なぜ、こんなことに……。Aさんは、部下を持つことへの自信を木っ端《こぱ》みじんに打ち砕かれた。他の部下のことも信じられなくなり、マネジャーとして、何が正しいのか分からなくなった。

●

Aさんのように、部下から突然、退職の意向を伝えられ、唖然《あぜん》とした経験を持つマネジャーは少なくないだろう。筆者自身、何度もこのような憂き目に遭遇してきた。信頼し、ともに汗を流し、意気揚々と働いていた部下からの急な退職相談ほど、人間というものが分からなくなる瞬間はない。いや、もしかすると本当に、人間というものが分かっていないのかもしれない……。

働く人間の真実が垣間見える1冊の書籍がある。チェスター・バーナードの『経営者の役割』（ダイヤモンド社、1968年）だ。バーナードは「近代組織論の父」とも呼ばれるアメリカの経営学者で、ハーバード大学で経済学を学んだ後、AT&Tに勤務。その後、ニュー

図表1-1 「個人人格」と「組織人格」

個人人格		組織人格
自由な意志や動機に基づいて、何にどのくらいの時間や労力を割くかを決めている人格	＋	組織の指示によってある役割を担うことを強制されて行動している人格

出所：『経営者の役割』（バーナード著）の内容をもとに筆者作成

ジャージー・ベル電話会社の社長を務めた経営者でもある。『経営者の役割』が出版されたのは1938年のことだが、現代の組織経営論の出発点となった書籍とされており、80年以上経過した今日でもその存在感は失われていない。単なる経営学の本ではなく、「人間とは何か？」「組織とは何か？」ということを、原理から解き明かした名著である。

同書で述べられている人間像を理解すると、急に辞めると言い出したBさん（部下）の言動にも一定の真理があることが分かる。バーナードは、組織における人間には「2つの人格」があると唱えている。それが「個人人格」と「組織人格」だ（図表1-1）。

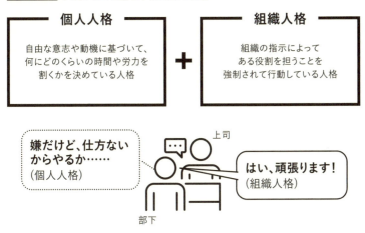

個人人格とは、自由な意志や動機に基づいて、何にどのくらいの時間や労力を割くかを決めている人格である。人間には職業選択の自由があり、どこで、どのような仕事をするかを自由に決めることができるが、それは個人人格としての自分が決めている。今日も会社に行くことを決めたのは個人人格であるし、嫌いな上司の指示に従うことを決めたのも個人人格である。

一方、組織人格とは、組織の指示によってある役割を担うことを強制されて行動している人格である。組織の目的がある以上、人は組織の目的実現に向けてその役割を全うしなければいけない。会いたくないクライアントに会って頭を下げているのは組織人格であるし、上司の指示に対して忠実に行動しているのも組織人格だ。そして、「個人人格と組織人格は同時に存在している」というのが、バーナードの主張である。

もう、お分かりだろう。キャリア面談におけるBさん（部下）の発言は、組織人格としての発言だったのだ。「キャリア面談だし、前向きな発言をしておくのが正解だろう」と、組織人格で振る舞っていた。一方で、Aさん（上司）は、部下が組織人格として振る舞っていたことにまったく気付いていなかったのだ。それゆえ、退職の意向を伝えられた時の衝撃も大きくなってしまった。

個人人格と組織人格

若手社員の離職防止を図るためには、前提として、個人人格と組織人格の存在を理解しておかなければならないと筆者は考えている。働く人間には、個人人格と組織人格が同時に存在しているという人間観を理解するため、会社を演劇の舞台に例えてみよう。

会社が「舞台」だとすると、社員は「役者」である（図表1-2）。舞台上では、それぞれの役者に配役があり、自分の役が持つセリフや動きを表現することで観客を盛り上げる。時に、アドリブやフリー演技を交えながら、悲喜こもごもの世界をつくり上げていく。当然のことながら、役者は配役と関係なく自分の名前を持ち、日々の生活を送っている。ただ、ひとたび舞台に上がれば、別の名前で、別の人格を演じている。日々生活をする一人の人間が個人人格であり、舞台上で役を演じている人間が組織人格ということだ。

Cさん（仮名）のある1日から、個人人格と組織人格の関係を見ていきたい。

Cさんは、ある不動産会社で営業アシスタントとして働く入社3年目の女性社員。営業チームの一員として、日々クライアント対応やプレゼン資料の作成、営業担当者のスケジュール管理などを行っている。持ち前のコミュニケーション能力と細やかな気配りで、チームからも信頼される存在だ。

朝起きた瞬間、胸焼けがする。二日酔いだ。このまま昼まで眠っていたいが、今日は出社しなければならない。体に鞭を打ってベッドから這い出し、ミネラルウォーターを口に含む。二日酔いの顔をどうにかすべく厚めのメイクを施し、重い足取りで通勤電車に乗り込んだ。駅から会社まで、誰とも目を合わせることなく歩き、オフィスのドアに手を掛ける。仕事が終わったら、19時からレストランで彼氏とデートだ。それだけが今日の楽しみである。ここまでは、個人人格が前面に出ているCさんだ。

オフィスに一歩入ったら、先ほどまでの無愛想な表情を一変させ、元気よく挨拶をする。上司から「この資料、今日中に終わらせておいて」と頼まれ、「はい、分かりました！」と手際よく資料作成を進める。これは、営業アシスタントという役割を全うしようとしている組織人格のCさんだ。ただ、心の中では「この資料、別に来週でもいいのではないかな……」「早く仕事終わらないかな」「今夜はどんなディナーだろう？」などと考えて過ごしている。てきぱきと資料を作成するCさんと、指示に不満を抱きながら、終業時間を心待ちにしているCさん――。果たして、どちらが本物のCさんなのだろうか？

答えは、「どちらも本物のCさん」である。個人人格のCさんと組織人格のCさんは、同時に存在している。指示に不満を抱き、早く帰りたいと思っている個人人格のCさんが、舞台

図表1-2 会社は「舞台」で、社員は「役者」

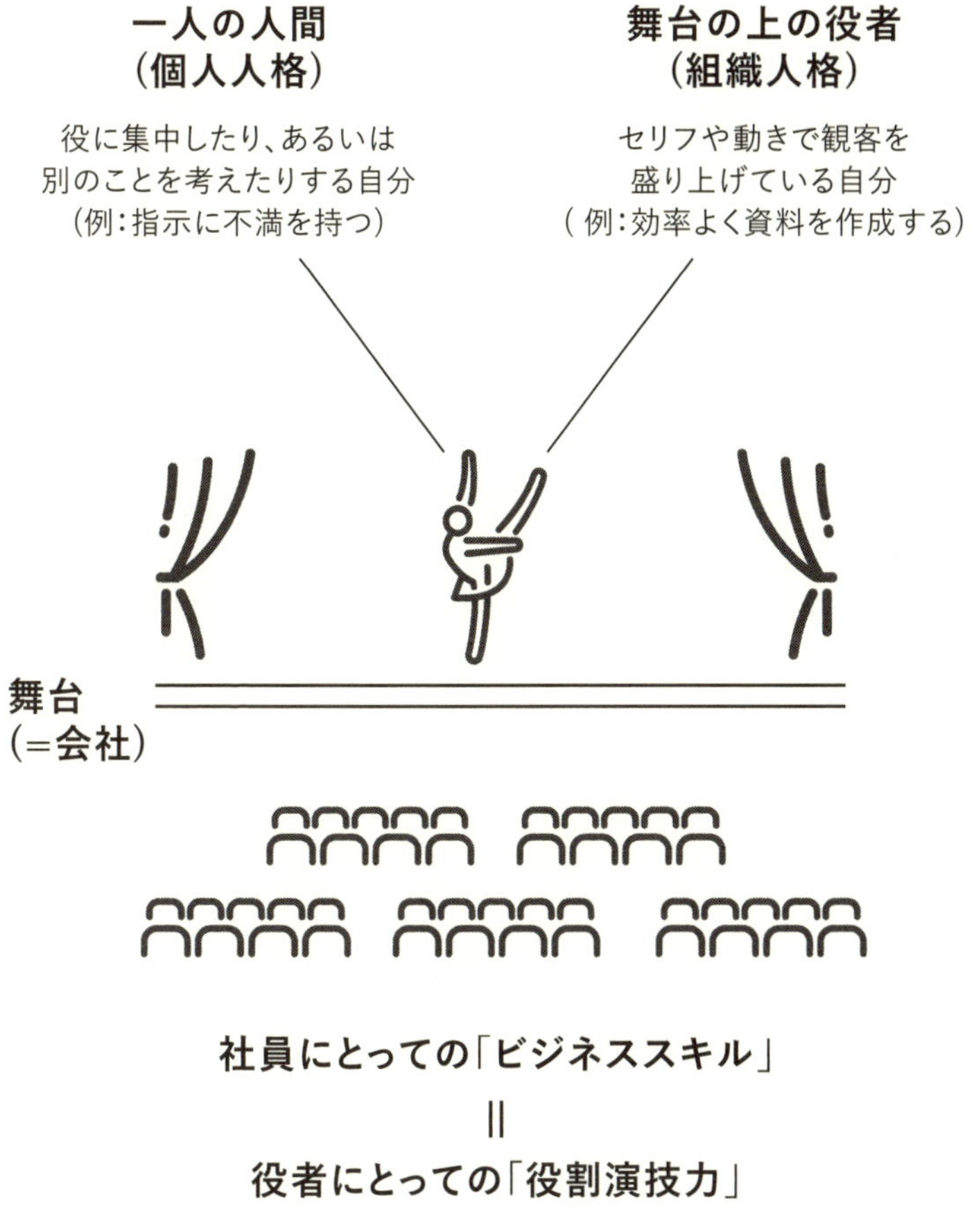

出所:筆者作成

の上では組織人格で営業アシスタントの役割を演じているのだ。

ビジネススキルは「役割演技力」である

舞台の例えで考えると、ビジネススキルというのはすべからく、舞台上での「役割演技力」だと言える。脚本で設定された動きを寸分違《たが》わず表現するスキルを求められる役割もあれば、アドリブやフリー演技で観客を沸かせるスキルを求められる役割もあるだろう。

もちろん、悪役を求められることもあれば、主人公を求められることもある。舞台のプロデューサーや演出家は、その役者の特性に応じて配役を決めており、役者がその役を演じきることで舞台が成立する。観客が喜んでくれたら舞台は成功であり、役者も名が売れる。観客が喜んでくれなければ舞台は失敗であり、役者の評価も低くなる。

営業アシスタントのCさんの話に戻したい。Cさんが作成した資料に重大なミスがあったら、先輩やクライアントに怒られるだろう。だがこれは、個人人格のCさんが怒られるわけではなく、営業アシスタントの役をうまく演じられなかった組織人格のCさんが怒られるのだ。個人人格のCさんは自由意志を持つ一人の人間として、劇団に入り、舞台役者になった。

組織人格のCさんは、そこで与えられた役割に従って、やるべきことを全うすることが求められる。この2つの人格は決して矛盾することなく、一人の人間の中に共存しているのだ。

重要なのは「個人人格と組織人格のチューニング」

本書は個人人格と組織人格の存在を前提にして話を進めていくが、ここで筆者としての立ち位置を明確にしておきたい。自由な意志に基づいて判断する個人人格と、企業の論理に基づいて行動することを求められる組織人格は、どちらが重要であると主張したいわけではない。

重要なのは、個人人格と組織人格がそれぞれの人間の中で適切にチューニングされていることであると考えている。個人人格ばかりを優先させていては、組織が成り立たず、皆が不幸になる。組織人格ばかりを優先させていては、個人人格において自己犠牲を強いられる可能性がある。いずれにせよ、どちらかに偏った状態では健全な組織は成立せず、同時に個々人の人生も充実させられることはない。

そもそも組織と個人は対等な関係である、というのが筆者の思いである。組織は個々人に対して、一定の地位や役割を提供する一方で、相応の責任意識や専門力の発揮を求める。同時に個人も組織に所属することによって、所属欲求や承認欲求を満たすだけではなく社会への参画感を得られる。このように組織と個人は、互いに頼り合いながらお互いの欲求を満たしていくような影響関係にある。これは車の両輪のようなもので、どちらか一方を優先させる世界は真っ直ぐに進むことができず、蛇行を繰り返したり、時にはその場をぐるぐると回ってしまうこともあるだろう。健全に発展する社会とは、組織と個人が相互に効力感と幸福感を感じられる社会であるべきだと考える。

Z世代の若手社員にありがちな傾向

ここで、本書において頻出する「Z世代」の定義について簡単に触れておきたい。Z世代とは、1990年代半ばから2010年代序盤に生まれた世代である。その前のゆとり教育を直接的に受けてきたゆとり世代に対して、脱ゆとり世代とも呼ばれている。生まれた時から低成長の経済環境と、高齢化した社会環境の中で育っている。技術環境としては幼少期からモバイル端末に囲まれて育っており、デジタルネイティブ世代とも言われる。

繰り返しになるが、働く人の中には個人人格と組織人格という2つの人格が同時に存在している。Z世代においても、それは同様である。この2つの人格を適切にチューニングしながら活動することで、自分で自分をだましつつ活動するような自己犠牲もなく、自分の思いだけを一方的に主張するような得手勝手ではない健全な活動ができるようになるのだ。

ある程度の社会人経験を積むと、無意識的に適切なチューニングができるようになるのだが、社会人経験も浅くまだ個人人格と組織人格を適切に切り分けられないZ世代などの若手社員は、マネジメント層からすると驚くような反応や行動をすることがある。以下、昨今のニュースなどでよく見聞きする、チューニングできていないと思われるZ世代の特徴についてまとめてみたい。

「モチベーションが上がる仕事をしたい」と言う若手社員

「モチベーションが高くないと、良い仕事ができない」
「だから、モチベーションが上がる仕事をしたい」
「モチベーションが上がる仕事じゃないと、頑張れない」

このような発言をする若手社員は、個人人格と組織人格を混同している可能性が高い。元気はつらつとした演技が求められる役であるにもかかわらず、「今日はモチベーションが上がらないから」と、生気のない表情で役を演じる。これでは、プロデューサーや演出家の怒りを買うのはもちろん、観客をしらけさせてしまうだけである。だが、個人人格と組織人格を混同している役者（若手社員）は、演出家が怒っている理由や観客がしらけている理由すら分かっていない場合がある。

もちろん、モチベーションが高い状態でいることは良いことだ。しかし、常にモチベーションが高い状態を保てる人などいない。日々生きている中では、体調不良によってモチベーションが下がる時もあれば、配役が変わったことでモチベーションが下がることもあるだろう。例えば、応援しているプロ野球チームが連敗していることで、モチベーションがガタ落ちする人もいる。このように、モチベーションは自分の意思にかかわらず、上がったり下がったりするものである。だが、いくらモチベーションが上がらなくても、舞台上でいい加減な演技をする理由にはならない。それでは、役者失格の烙印を押されても仕方がないだろう。大切なのは「モチベーションが上がる仕事を求めること」ではなく、「自分自身のモチベーションをマネジメントするスキルを高めること」である。

優秀なビジネスパーソンはすべからく、自らのモチベーションをマネジメントするスキルが高い。モチベーションが下がっている時も、役割演技力に影響が及ばないように自分自身を律することができるし、モチベーションを安定させるために思考や行動をコントロールすることができる。自分自身のモチベーションをマネジメントするスキルが高いからこそ、常に安定したパフォーマンスを発揮することができるのだ。

言い換えるなら、個人人格の状況によって組織人格における言動が左右されないということである。個人人格と組織人格を混同している人はこれができないから、パフォーマンスが安定せず、周囲からも評価されない。それを環境のせいにして、平気な顔で「モチベーションが上がる仕事をしたい」と言っているうちは、残念ながら良い演技（仕事）はできないだろうし、その若手社員の今後のキャリアにとっても良いことではない。

マネジメント層は、若手社員の状況には配慮しつつも、「自分のモチベーションの有無で、仕事の成果に影響を及ぼすのは良いことではない」と指摘してあげることも優しさであろう。

配属ガチャに一喜一憂する若手社員

半年前に劇団に入団した新人役者のDさん（仮名）。大学の演劇サークルでの経験から、ある程度、演技力には自信を持っており、本格的なプロの舞台に立つことを夢見ていた。だが、初舞台で与えられた役は、セリフのない通行人の役だった。

期待に胸を膨らませていたDさんは、「俺は、通行人をやるために劇団に入ったんじゃない……」と不満を覚える。同年代の役者たちが重要な役を務める中、自分の役があまりにも小さいことに失望していた。初日の稽古を終え、不満がピークに達したDさんは舞台の降板を申し出る。その場にいた全員が驚きと怒りを隠せなかった。演出家は「舞台は一人でつくるものじゃない！」と激怒し、他の役者たちは「プロ意識がない！」と非難の声を上げた——。

どのような約束で劇団に入ったのかにもよるが、新人役者が端役から経験を積んでいくのは一般的なことである。にもかかわらず、端役はやりたくないと舞台を降板したDさんは、わがままと言われても仕方がないだろう。これは、個人人格としての欲求を最優先にしている人だと言える。

個人人格を最優先にする人は、どの会社にも存在する。最たる例が「配属ガチャに外れたから」という理由で会社を辞める人だ。最近の新入社員は、意中の部署に配属されなかったからという理由だけで、簡単に離職する人が増えているという。近年、職務内容やスキル、経験などを限定して従業員を採用する「ジョブ型雇用」が注目されているが、ジョブ型雇用が注目されていることも、「配属ガチャに外れたから辞める」という判断に拍車をかけている一因だと筆者は考えている。自分が望む仕事に、入社段階から希望できる状況が当たり前になるという風潮が生まれつつあるからだ。だが、日本においてジョブ型雇用はまだまだ一般化しておらず、日本の労働システムとの相性の悪さを指摘する声もある。

新人役者が最初からセリフのある役をもらえないのと同様に、新入社員は、必ずしも希望する部署に配属されるわけではない。個人人格としての希望うんぬんよりも、与えられた場所で様々な経験を重ねることで、組織人格としてのスキルを高め、作法を身に付けていくプロセスも自分のキャリアを築くうえでは重要である。そのプロセスをスキップして先に進んでいたら、いつまで経っても組織人格は磨かれない。

個人人格を最優先にする若手社員が増えているのは、「個性を大切に」と言われて育ってきた環境の影響もあるだろう。自分らしくあろうとすることはいいことと教えられてきた。もちろん、個性を大切にして自分らしくあろうとすることは重要だが、勘違いしてはいけないのは、ビジネスにおける個性は「舞台上での個性」であるということだ。役者が舞台上で精一杯、自分の役を演じきった時ににじみ出るその人らしさが、ビジネスにおける個性なのである。これは、主人公であろうが、悪役であろうが、セリフのない通行人であろうが変わらない。

個人人格を最優先にする人は、ビジネスにおいて個性が発揮できている状況と個人人格としてやりたいことができている状況とを混同している可能性が高い。配属や仕事内容が、自分の希望に合う・合わないで一喜一憂するような社員ばかりだと、仕事の本質の1つである「チームで協働すること」すらできなくなってしまう。

マネジメント層は恐れることなく、「あなたのキャリア上、自分自身のやりたいことのみを主張し過ぎることは良いことではない」ということを、若手社員に理解してもらう努力が必要である。

上司からのフィードバックで必要以上に凹んでしまう若手社員

舞台で一生懸命、自分の役を演じていたにもかかわらず、観客から酷評を受けることもあるだろう。そのような時、役者人生が終わったかのごとく落ち込んでしまう人がいる。演技力が足りないことを自覚し、稽古を重ねていこうという発想には至らず、まるで自分が全否定されたかのようにダメージを負い、下を向いてしまうのだ。

この役者と同じような思考をしてしまう若手社員は、どの会社でも見受けられる。上司から、仕事のミスに関してフィードバックを受けたことで、すぐに落ち込んでいる人がいないだろうか。もちろん、上司はフィードバックにおける言い方・伝え方に配慮する必要があり、最近ではフィードバック専用の研修もあるくらいだ。だが、客観的に見て適切なフィードバックであるにもかかわらず、必要以上に凹《へこ》んでしまう若手社員がいる。これは、組織人格で受けたプレッシャーやストレスが、個人人格にまで影響が及んでいる状態だ。舞台役者の設定に話を戻すと、舞台上で起きた失敗やネガティブな事象を、舞台を下りてからのプライベートな時間もずっと引きずっている状態である。

「会社」という舞台上では、クライアントからの評価、上司からの圧力、時には仕事仲間との関係性など、一定のプレッシャーや軋轢《あつれき》が生まれるのは当然のことである。そのたびに、個人人格までダメージを受けていたら身が持たない。若手社員の早期離職を防ぐためには、組織人格で受けたダメージが、できるだけ個人人格に及ばないように切り替えるスキルを習得してもらう必要がある。

マネジメント層は落ち込んでいる若手社員に愛を持って、「あなた自身に対して指摘しているのではなく、あなたの仕事上での行動を指摘しているのだ」と伝えることが必要だ。

Z世代の上司にありがちな傾向

個人人格と組織人格が適切にチューニングできていないことによって問題を引き起こすの

は若手社員ばかりではない。若手社員をマネジメントする上司にも、「働く人間の真実」を理解していないことによって問題が起こってしまっている場合がある。

部下を傷付けないように配慮し過ぎるマネジャー

舞台の演出家の仕事は、良い舞台にするために役者を指導することである。役者の演技が適切でないのであれば、それを指摘し、改善へと導いていかなければいけない。「指摘したら役者のモチベーションが下がってしまうかもしれない」などと考え、何も言わないまま初演を迎えたらどうなるだろうか。役者の演技が不自然だと、観客は感情移入することができない。結果、面白くないと感じられる舞台となり、評価は低いものになるだろう。

これと同じことが、あちこちの会社で起きている。最近は、「厳しい指導・叱責＝パワハラ」という見方をする人が増え、若手社員に指導すること自体がタブー視されるような風潮すらある。もちろん、個人の性格や価値観にまで踏み込んで厳しく対応するのは度を越した指導となる。だが、やるべき仕事をやらない部下に対して、何の指導もできないような上司は問題である。

部下に配慮するあまり、適切な指導ができないマネジャーは、個人人格と組織人格を切り分けて認識できていないことが多い。大切なのは、組織人格としての振る舞いに対して指摘をすることである。例えば、「営業として、顧客先での振る舞いについて注意点があります」「社内に共有するメールの内容についてのアドバイスです」というように、指摘の前に役割演技（組織人格）に対する指摘であることを明確にするのがポイントだ。

優秀な人材は、組織人格としての自分を磨ける環境を求めるものだ。部下を傷付けまいと配慮し過ぎるマネジャーほど、優秀な部下に愛想を尽かされてしまうので気を付けたほうがいいだろう。

部下の心に土足で踏み込むマネジャー

以前、あるドキュメンタリー番組で、舞台の演出家が激怒して、役者の人間性をも否定するような言葉を浴びせながら灰皿を投げ付けるシーンを目にしたことがある。

このように、役者の「やり方」だけでなく、役者としての「在り方」まで指南することが正解とされる状況もあっただろう。しかし、その指導の方法にも少しずつ変化がみられる。伝統が重視される芸能の世界でも、後輩や弟子に対する指導には慎重さが求められるようになっている。

だが、現在の会社でも、灰皿を投げ付けることはないにせよ、部下に対して厳しい言葉で叱責する上司はいる。「そんなミスをするのは、君の性格に問題があるからだ」「価値観から叩き直していかないと、優れたビジネスパーソンにはなれないぞ」――。このような叱責は、組織人格としての仕事の「やり方」を超え、個人人格としての「在り方」まで踏み込んで否定している例である。

こうした叱責をするマネジャーは、個人人格と組織人格の区別がついていない場合が多い。特に、「自分自身が厳しく育ててもらった」というノスタルジーに浸っているマネジャーはこの状況を抜け出すのが難しい。自分の指摘が正義であると思い込んでいるため、部下の個人人格に容赦なく土足で踏み込んでくる。

とはいえ、個人人格としての「在り方」レベルにまで踏み込んで指摘する必要があるケースもある。例えば、将来的に管理職になってもらいたいと期待する若手に対してである。管理職というポジションは、「やり方」が分かっているだけで務まるほど甘くない。そのため、次期管理職候補には「やり方」よりも「在り方」を伝える必要がある時もある。ただし、「在り方」を指摘する際は、お互いの信頼関係が構築されていることが必須条件になる。加えて、「君の将来を思って伝えている」という愛情が不可欠だ。

部下の言葉がまったく響かないマネジャー

個人人格として「いつかは主役を演じたい」「将来は自分の劇団を旗揚げしたい」といった願望を持っている役者は少なくないだろう。一方で、役者を舞台上の「駒」としか思っておらず、役者個人の夢や願望など知ったことではないと考えているプロデューサーや演出家もいる。このようなプロデューサーや演出家は、個人人格と組織人格を明確に切り分け過ぎている、もしくは個人人格の存在を認識できていない可能性が高い。

会社においても、こうしたマネジャーは存在する。「給料を払っているんだから、指示どおり動くのが当然だ」と思い込んでいるタイプであり、社員の心の叫びを受け入れようとしない。このようなマネジャーは、部下のキャリア願望や仕事に対する思いを無視したコミュニケーションに徹する。その結果、双方の関係性は摩耗して、社員を退職へと追い込んでしまう危険をはらんでいる。

一人の人間の中に共存している個人人格と組織人格は、相互に影響を及ぼし合うものである。「部下の心に土足で踏み込むマネジャー」のように、個人人格と組織人格を切り分けないコミュニケーションも良くないが、個人人格を無視したコミュニケーションも避けたほうがいいだろう。優れたマネジャーは、コミュニケーションを通して、組織の目標達成と個人の欲求充足を同時に実現することができる。そうするためには、社員の個人人格としての価値観や願望にも配慮しながらコミュニケーションを図ることが求められる。

個人人格を意識しやすい時代

自分が活動する舞台（会社）や、その配役（仕事）を受けるかどうかを自由に選ぶ権利を持つのが個人人格だ。これに対し、演出家（上司）や脚本（業務内容）に従って、誠実にその役割を遂行するのが組織人格である。

前述のバーナードによれば、個人人格と組織人格は一人の人間の中に共存している。一方で、個人人格として組織人格の役割を受け入れている場合は、個人人格を常に意識しているわけではない。まさに今この時間に働いている人が「今この時間に、この会社で働いている理由は○○だから」と意識しながら働き続けるのではなく、〝ふとしたタイミング〟で個人人格の自分として会社や仕事との関係性を考えるのである。

社員が退職を意識する時は、組織人格として日々活動（演技）することに対して違和感を覚え、個人人格での判断として他社と比べてこの会社や仕事に対して魅力を感じないと思った時である。そして退職の意思表明は個人人格としての意思の主張である。かつては、個人人格を意識する〝ふとしたタイミング〟は今よりもずっと少なかったように思われる。今は、若手社員含めて様々な世代において、その〝ふとしたタイミング〟が増えているのではないだろうか？　そのこと自体は決して悪いことではない。個人人格と組織人格を適切にチューニングさせていくためには個人人格を意識する機会があるのは健全なことである。

しかし、多くのマネジメント層において、「昔はそこまで自分のことなんて考えなかったな……」と思っている人は多いのではないだろうか。そこには、自分たちの頃より個人人格を意識しやすい時代になってきたという背景があるのではないかと筆者は考える。なぜ今、個人人格を主張しやすくなっているのだろうか。このことを、「ホワイト化」「ダイレクトリクルーティング」「社員口コミ」の3つの観点から説明してみたい。

ホワイト化

「24時間戦えますか」――。栄養ドリンク「リゲイン」のCMソング『勇気のしるし』にある大変有名な歌詞である。このフレーズは高度経済成長時代からバブル時代までの働き方を象徴する言葉として、今でも揶揄《やゆ》的に取り上げられることが多い。実際にこのコピーは、「仕事の時間だけでなくプライベートの時間も充実させよう」という意味で書かれたようであるが、「所属する組織に骨をうずめ、身も心も会社に染まる会社人が高く評価され、そうした働き方が推奨されていた時代」などの意味で、今の時代ではあり得ない考え方として取り上げられていることが多い。

本書の読者の方々は、この言葉が流行った時代よりも後の時代に社会人になっている方が多いだろう。いわゆるバブル崩壊以降の日本の「失われた30年」と言われる時期に入社された方が多いのではなかろうか？　この時期、企業は余剰人員を抱えることができなくなり、それまで会社人として働いてきた人も希望退職という名目でリストラを受けるようになってきた。伸び悩む会社に愛想を尽かし、転職活動をしている先輩を目にした人も多いであろう。こうした社会の変化を目の当たりにした人々は、「会社に身も心も捧げ、組織人格だけで生きていたら自分を守れない」ということに気付いたのではないだろうか？

筆者は2002年に社会人になったが、この時期には「会社に身も心も捧げるのは古臭い働き方」という認識が新卒学生や若手社員の中で広がってきていたように思う。筆者が就職活動をしている時にもその風潮は肌で感じていた。そして「会社と個人は対等である」という考えのもと、会社に依存せず自立的に働いて市場価値を高めていくことが「新しい働き方」としてトレンドになっていった。個人人格と組織人格が、対等のものとして意識されるようになりはじめた時期だと思われる。しかし、入社して働いてみると、まだまだ「会社のために身を尽くす」という空気が大勢を占めていた。

さらに時を経て2010年代に入ると、SNSの普及などによって個人が情報発信力を持つようになり、メディアなどを中心に個人の働きやすさに焦点を当てるようになってきた。伏線としては、飲食チェーンにおける過剰労働や大手企業における過労死事件など、いわゆる「ブラック企業」の問題もあっただろう。この頃から、個人の「働き方」や「働きやすさ」が重視されるようになり、企業には、個人人格をケアした対応が求められるようになっていった。

かつては、「組織人格としての役割演技を全うできないのであれば、個人人格としての自由はない」と言わんばかりに、サービス残業が横行し、有給休暇の希望が拒否されていた。だが、今では決して許されることではない。現在では、働く人が個人人格として意思を表出させた時、それを尊重することが求められている。「ホワイト企業」という言葉が一般化しているが、本書の文脈で定義するなら、「個人人格をケアしながら、組織人格を全うさせてもらえる企業」ということになる。この流れは大変良いことだと筆者は思う。個人人格と組織人格のチューニングを適切に図ることが自己犠牲的な働き方を減らす機会にもなるからだ。

ただし注意しなければならないのは、個人人格ケアの流れが加速し過ぎると、それが目的化するおそれがあることだ。「一人ひとりの働き方を尊重する」という名目のもと、個人の「我儘《わがまま》」が許容されるようになると、組織全体の生産性は低下する。結果として誰も報われない状況になることも考えられる。今後は、個人人格の「我儘」と「権利」の見極めが重要になってくるだろう。

企業は、ホワイト化の流れに適応した組織運営をする必要がある。もし今、「2010年以前から働き方が変わっていない」という企業があるのであれば、極めて大きなリスクを抱えていると認識しなければいけない。

ダイレクトリクルーティング

近年、転職市場の進化が著しく、それが個人人格優勢の時代に拍車をかけている。ひと昔前まで、転職希望者が転職するためには相当な労力が必要だった。転職エージェントを使った転職では、まず人材バンクに登録し、キャリアカウンセラーとの面談を設定する。このプロセス自体、現在の会社にバレないよう、夕方以降や週末にこっそり進めなければいけなかった。

キャリアカウンセラーに転職希望を伝え、転職エージェントからいくつか候補企業の打診をもらう。その中から、希望に合った企業を見定め、数社で面接を受ける。内定をもらったら、現在の仕事・職場と天秤にかけて転職を決断する。上司に退職を申し出れば、激しい引き留めを受けたり、あの手この手で懐柔されたりするだろう。それを乗り越えて、ようやく転職が実現する。極めて長く、険しい道のりだったと言えよう。

しかし最近は、転職市場のＩＴ化が進んだおかげで、登録から候補企業の打診までのプロセスが大幅に効率化・簡略化された。新型コロナウイルス禍を経て、面接もオンラインに移行し、より手軽に転職活動ができるようになった。加えて、ダイレクトリクルーティング（企業が候補者に直接アプローチする採用手法）や、リファラルリクルーティング（社員の人脈を活用して候補者の紹介を受ける採用手法）など、企業の採用手法も多様化している。

このように、今は転職希望者がわざわざ動かなくても、企業側から働きかけてくれる時代である。「ちょっと転職に興味があるな」と検索窓に「転職」と入力しようものなら、ＷＥＢマーケティングの仕組みで断続的に転職ニーズに働きかけてくる状況だ。筆者も試しに人材バンクに登録した時に、次から次へと求人案内が送られてきたことに驚いた。ひと昔前に比べると、転職のハードルはかなり低くなったと言えるだろう。これにより会社サイドは社員の「囲い込み」がしづらくなってきたが、これは組織と個人が対等になってきた証しであり、正当に社員を惹きつけられない会社は淘汰される結果となり、より健全な企業と個人の関係

図表1-3 「個人人格」＞「組織人格」の理由

① ホワイト化

個人の「働き方」や「働きやすさ」が重視される時代に

② ダイレクトリクルーティング

転職プロセスが効率化・簡略化され、転職に対するハードルが下がった

③ 社員口コミ

社内の状況がオープンにされ、企業の透明性が高まった

出所：筆者作成

になるだろう。

この社会環境の変化は、転職の案内をきっかけに、「今の会社でいいのだろうか？」と個人人格を意識するきっかけにもつながる。労働人口の減少が深刻化する昨今、人材の獲得競争は高まってきている。「〇〇をしたら、辞めてしまうかもしれない」と、社員の個人人格に気をつかう企業が増えているだろう。

社員口コミ

ＩＴの著しい進化によって転職活動は大幅に効率化されたが、それ以外にも、転職活動に大きな変化をもたらしたものがある。それが「社員の口コミ」だ。2010年代に入った頃から、「社員口コミサイト」が一般化してきた。社員口コミサイトとは、在職中の社員や元社員が、自分の勤めている（勤めていた）会社についての評価や感想を匿名で投稿できるWEBサイトである。

社員口コミサイトでは、組織文化、給与、福利厚生、キャリアの成長機会、経営陣など様々な項目で数多くの会社が評価されている。会社案内や転職ポータルサイトでは得られないようなリアルな情報が公開されているため、転職時の情報収集源として大きな存在感を示すようになっている。エン・ジャパンが行った「転職活動時のクチコミ閲覧」実態調査では、約半数の転職希望者が、転職活動中に社員口コミサイトを見ているという結果が出ている。

※参考：社会人4500人に聞いた「転職活動時のクチコミ閲覧」実態調査『エン転職』ユーザーアンケート――エンジャパン　https://corp.en-japan.com/newsrelease/2024/36037.html

社員口コミサイトがもたらした価値は、これまで不透明であった社内の状況をオープンにすることで、企業の透明性を高めたことだ。これにより、転職希望者は目当ての企業の労働環境や組織文化をより深く理解することができるようになった。情報の透明性は健全な市場をつくるうえでの前提となるため、大変有意義なことであると筆者は考える。

企業の本音としては、「隠しておきたいことを隠したままにできなくなった」と思われている方も多いだろうが、一方で、企業側にもメリットはある。社員、あるいは元社員の生の声を知ることで、自社の強み・弱みを客観的に把握し、改善すべき領域を明確にできるのだ。今、人的資本経営の重要性が叫ばれているが、社員口コミサイトが正しく運営されることで、公明正大かつ、働きがいと働きやすさを両立させている企業が評価されるようになる。その結果、転職市場はより効率化されていくだろう。

いずれにせよ、社員口コミがこれだけ一般化したことは、個人人格としてその会社をどう感じているかという情報が流通することにつながり、これも個人人格を意識しやすい時代になっていると言えるだろう。

辞めることは悪いことなのか？

本章冒頭で、突然退職を申し出た社員の話をした。ひと昔前であれば、「彼は身勝手だ」と非難されたかもしれない。だが、現在は転職が当たり前の時代だ。突然の退職相談はよくある話だし、退職代行サービスの利用者も増えている。

少し論点を変えて、「会社を辞めることは悪いことなのか？」という問いについて考えてみたい。この類《たぐい》のテーマが語られる時、「石の上にも三年」という諺《ことわざ》が引用されることがある。

メッセージだ。

「長く働かなければ何も身に付かない。だから、我慢してでも働き続けるべきである」という

また「置かれた場所で咲きなさい」というフレーズもよく使われる。渡辺和子氏の著書『置かれた場所で咲きなさい』（幻冬舎、2012年）によって世に広まったフレーズであり、「運命を受け入れ、そこで懸命に生きていれば、いつか必ず芽吹く時が来る」という考え方である。企業の立場からすると、いずれも新卒社員に対して言いたくなるのもよく分かる。実際、苦労して採用した新卒社員が早期に辞めてしまったら、会社にとって大きな損失である。

視点を、企業側から新卒社員側（学生側）に移してみたい。今、労働人口減少による人手不足に加え、採用関連サービスの充実化もあり、ひと昔前に比べると働く先の選択肢は格段に広がっている。選択肢の増加は一見良いことのように思えるが、懸念点もある。それは、「二極化」が進んでいくことである。

選ばれる人はあちこちから選ばれるが、選ばれない人はとことん選ばれなくなる。ひと昔前のアイドルの総選挙さながら、人気者と不人気者の格差は広がっていくと筆者は考えている。その証拠に、新卒の入社段階で初任給に差をつける企業も現れ始めている。これまでは一律平等のスタートだったが、今は入社前から評価に差が生まれている。学生は「選ばれる存在」になるために、入社前から必死にならなければいけない。

さらに、入社したその日から企業内での競争がスタートする。「年功序列」「終身雇用」は古めかしい言葉となり、会社に一生を保証してもらうことなど期待できない時代である。こうした時代においては、「会社を辞めること」を前提に自分のキャリアを考えなければいけない。会社に入社してからも、「このままこの会社で働いていて、市場で評価されるスキルは身に付くのか？」「学生時代の同期と比べ、今の自分の市場価値はどうなんだ？」といった不安や焦りが頭から離れない。

また、日本では定年制が見直されており、今後は、生涯働き続けることが求められるようになるかもしれない。20代前半を起点にすると、その後、50年、60年と労働市場の中で評価の目にさらされ続けることになる。今の新卒社員は、「選ばれ続けること」に真剣に向き合っていかなければならない存在だと言えよう。

このような新卒社員が、上司から「石の上にも三年」「置かれた場所で咲きなさい」と言われたら、どう感じるであろうか？　その場では、組織人格で「おっしゃるとおりです」と答えるかもしれない。だが、心の中では「あなたの時代はそれで良かったかもしれないけど、昔とは状況が違うでしょ」と思っているのではないだろうか。今、新卒社員の離職率が高くなっているが、彼らが会社を辞めることは、ある意味で「自分自身のキャリアを守るための手段」でもあるのだ。

上司は「部下を辞めさせないこと」を目的にしてはいけない

Z世代のマネジメントをしている上司の中には、「部下が辞めてしまわないよう、気をつかいながら、優しく接していかなければ」と考えている人もいるだろう。だが、そんなことばかりに気を取られていたら、事業を発展させることはできない。

リーダーは、組織のために最善の道を選ばなければいけない。時には、自らの感情や欲望を抑えて決断を下さなければならないし、またある時には、部下に厳しい要求をしなければならない。

しかし、部下のために良かれと思って言ったことも、前提となる就労観やコミュニケーション観が異なっていれば、素直に受け入れてもらえないこともある。反発や抵抗を覚えて、辞めていく部下も出てくるだろう。そんな時、上司は「自分の言い方が悪かったのだろうか……」「自分の言葉で、部下を不幸にしてしまったのかもしれない……」と反省することもしばしばだ。このような幾多の「業《ごう》」を背負いながら、それでも組織のために行動していくのがリーダーである。だからこそ、リーダーには揺るぎない信念と、高みを目指す志が必要なのだ。

今、Z世代のマネジメントに悩んでいるリーダーに、伝えたいことがある。「辞めさせないこと」が大切なのではなく、「組織と個人のために行動すること」が大切なのだ。たとえ、行動した結果が失敗に終わっても、その業を背負いながら、失敗を糧にして歩み続けていくのがリーダーである。離職率や平均勤続年数など数字が気になる時代だが、リーダーは部下を「辞めさせないこと」を目的にしてはいけない。

個人の幸福と組織の発展を同時に実現するために

個人の自由意志が尊重されるようになってきた時代において、マネジメントはどのように変化していくべきかについては、この後の章で記述していくが、通底させている方針は個人人格と組織人格の適切なチューニングである。個人と組織のどちらかが犠牲になるのは健全な社会ではないと考えている。本書を手に取っていただいたマネジメント層の方々の中には、今の個人人格が意識されやすい時代においてZ世代の若手社員にどう接していいか戸惑っている人も多いだろう。一方でZ世代の若手社員も、二極化が進む時代にどのように選ばれ続ける人材になれるか、自分のキャリアを充実させられるかについて思い惑っているのである。

筆者は、「働く人間の真実」として、個人人格と組織人格の存在を認めていくこと、そして組織人格とは「舞台における役割演技」であり、働くうえでのスキルを鍛えることとは役割演技力を高めることであると考えることによって、マネジメント層とZ世代におけるコミュニケーションをスムーズにし、健全な関係性の構築に寄与してもらいたいと考えている。

それは、働く一人ひとりが自由意思に基づいて所属する組織を選び、その中で戦力になるためにスキルを磨き貢献していき、その結果として承認されたり自己効力感を感じたりすることで個人の幸福感を実感することとなる。また、組織においても、個々の社員に職場という舞台上でそれぞれの役割を全うしてもらうことによって、組織を組織たらしめている共通の目的に向かって発展できることとなる。結果として、個人の幸福と組織の発展を同時に実現できる社会に近づいていければ幸いである。

第2章

延べ45万人のデータで見るZ世代の真実

一人の人間の中には、個人人格と組織人格という2つの人格が共存している――。この人間観に立脚すると、「若手社員が突然辞める」という不条理に思えるかもしれないことにも、一定の理屈が通っていることが分かる。

若手社員は、個人人格と組織人格のチューニングが不慣れで未成熟であるために戸惑い、マネジメント層も、時代の変化によって変わってしまった若手社員の働くマインドやスタイルに対応できず戸惑っている。結果としてコミュニケーションがうまく取れずに残念な早期離職に至ってしまっているのではないかというのが筆者の主張である。

本章では、その若手社員の働くマインドやスタイルをデータに基づいて分析し、個人人格、および組織人格にどのような傾向があるのかを考察していく。Z世代の離職防止を図るためには、まずは彼らの中にある2つの人格の特徴を知ることが不可欠だ。

筆者が所属するリンクアンドモチベーションは、創業当初から、個人のビジネススキルやモチベーション特性を診断するサーベイを開発し、クライアントに展開してきた。「BRIDGE」という商品名で、延べ45万人の若手社員に実施してきている。約20年前から実施しているサーベイなので、就職氷河期世代、ゆとり世代、Z世代と、各世代の膨大なデータが蓄積されている。その蓄積されたサーベイのデータを分析することで、Z世代の特徴をあぶり出していきたい。

図表2-1 人材要件フレーム

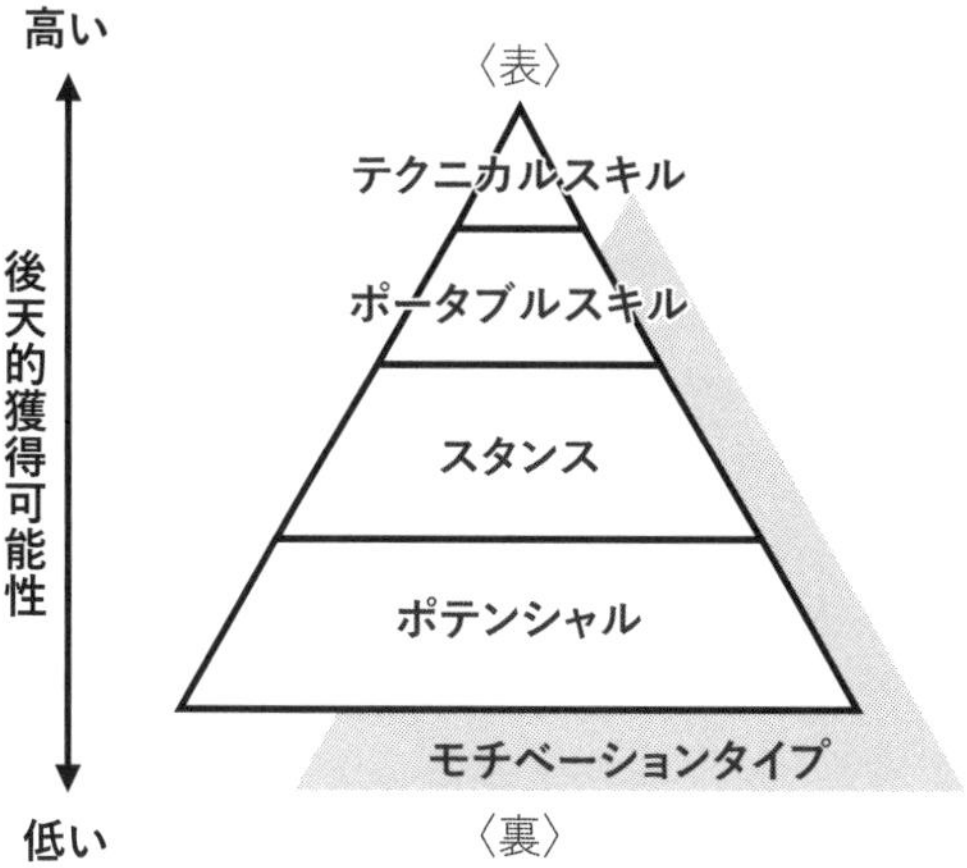

出所:リンクアンドモチベーション

人材要件フレーム

データ分析の前に、サーベイのベースになっている「人材要件フレーム」について解説しておこう。人材要件フレームとは、個人がビジネスにおいてパフォーマンスを発揮するために必要な要素を構造化したものである。

人材要件フレームは図表2-1のようなピラミッド図で要素を示しているが、「表」と「裏」の2枚構造になっているのが特徴である。表側が「ビジネススキル」の構成要素であり、裏側が「モチベーション」の構成要素になっている。2つの人格で言うなら、表側が「組織人格」の構成要素であり、裏側が「個人人格」の構成要素である。言い換えると、表側が組織における「役割演技力」であり、裏側は個人が働くうえでの「欲求」や「指向性」ということになる。表・裏の2枚構造にすることで、一人の人間の中に、個人人格と組織人格という2つの人格が共存していることを示している。

表側「ビジネススキル」

表側のビジネススキルは、組織人格としての役割演技力だと言える。ピラミッドの下位にあるのが後天的獲得可能性の低いスキルで、上にいくほど、後天的獲得可能性の高いスキルになっている。上にあるスキルから順に説明していこう（図表2-2）。

一番上にある「テクニカルスキル」は、業界・職種・地域（文化）に関する専門知識・技術のことだ。例えば、精密機器業の製造技術、経理職における会計知識、ベトナムの経済動向に関する知識であったり、PC操作スキルや英語力といったビジネスリテラシーなどもテクニカルスキルに該当する。上から2番目の「ポータブルスキル」は、業界・職種・地域（文化）・時代を超えて求められる根幹スキルのことだ。コミュニケーション能力やロジカルシンキング能力などは、どんな仕事にも求められる代表的なポータブルスキルである。時代が変

図表 2-2 ビジネススキルを構成する4つの要素

テクニカルスキル	業界・職種・地域(文化)に関する専門知識・技術
ポータブルスキル	業界・職種・地域(文化)・時代を超えて求められる根幹スキル(「対人力」「対自分力」「対課題力」)
スタンス	仕事に向き合う姿勢や、組織内で求められる役割認識
ポテンシャル	ビジネスパーソンとしての基礎能力

出所:リンクアンドモチベーション

わっても不要になることはない、社会人としての普遍的なスキルだと言える。上から3番目の「スタンス」は、仕事に向き合う姿勢や、組織内で求められる役割認識のことだ。新入社員であれば新入社員としての姿勢や役割認識、管理職であれば管理職としての在り方や役割認識がある。このように、組織内の立ち位置によって求められるスタンスは決まってくる。4番目の「ポテンシャル」は、ビジネスパーソンとしての基礎能力のことだ。いわゆる地頭と呼ばれるような頭の良さや、人の感情を読み取る力など先天的な要素が強いスキルである。

図表 2-3 モチベーションタイプ

【組織タイプ】 「所属する組織に何を求めるか？」「組織の何を重視するか？」という指向性のこと

会社基盤／理念戦略／事業内容／仕事内容／組織風土／人的魅力／施設環境／制度待遇

【仕事タイプ】 「どのような仕事に魅力を感じるか？」「どのような仕事の仕方を好むか？」という指向性のこと

ゼネラリスト指向／スペシャリスト指向／ハンター指向／ファーマー指向

【行動タイプ】 「どのような行動に喜びを感じるのか？」「どのような行動をする時にモチベーションが高まるのか？」という指向性のこと

アタック指向／レシーブ指向／シンキング指向／クリエイト指向

出所：リンクアンドモチベーション

裏側「モチベーションタイプ」

裏側のモチベーションタイプは、個人人格としての欲求や指向性だと言える。モチベーションタイプは、「組織タイプ」「仕事タイプ」「行動タイプ」の3つで構成されている。それぞれを簡単に説明しよう（図表2-3）。

組織タイプとは、「所属する組織に何を求めるか？」「組織の何を重視するか？」という指向性のことだ。会社の安定性を重視する人もいれば、風通しの良い組織風土を求める人もいる。組織タイプは、8項目に分類できる。

仕事タイプとは、「どのような仕事に対して魅力を感じるか？」「どのような仕事の仕方を好むか？」という指向性のことだ。多くのメンバーと関わり合いながら進める仕事を好む人もいれば、新規開拓をする仕事を好む人もいる。仕事タイプは、4項目に分類できる。

行動タイプとは、「どのような行動に対して喜びを感じるのか？」「どのような行動をする時にモチベーションが高まるのか？」という指向性のことだ。勝負ごとに喜びを感じる人もいれば、真理を探究することに喜びを感じる人もいる。行動タイプも、4項目に分類できる。

データで見るZ世代の特徴

サーベイに蓄積された延べ45万人のデータの中から「2013年に新卒入社した世代」と「2023年に新卒入社した世代」のデータを抽出し、比較してみた。

2013年の新入社員は、いわゆる「ゆとり世代」に該当する。本書では、1987年から1995年に生まれた世代をゆとり世代と考える。2023年の新入社員は、いわゆる「Z世代」に該当する。第1章でも記述したように、本書では、1990年代半ばから2010年代序盤に生まれた世代をZ世代と考える。

人材要件フレームに当てはめて、ゆとり世代とZ世代の違いを見ていこう。

ビジネススキルで見るZ世代

まずは、人材要件フレームの表側である「ビジネススキル」を通して、Z世代の特徴を見ていきたい。

前述のとおり、ビジネススキルは4つのスキルで構成されているが、サーベイで測定しているのは「ポータブルスキル」である。ポータブルスキルは普遍性が高く、どこに行っても通用する社会人基礎力である。ポータブルスキルは、大きく3つのスキルに分解することができる。仕事に向き合う際に必要な「対課題力」と、自分に向き合う際に必要な「対自分力」と、人に向き合う際に必要な「対人力」である。サーベイではこの3つのスキルを、さらに8つずつの項目に分解しており、全体では24項目となる。各項目は受検者の主観によって回答されるが、これまで自分が評価されてきたことや賞賛されたことなど、自信がある項目は高いスコアが出る傾向にある。逆に、自信のない項目はスコアが低く出る。

対課題力の分析と、2013年と2023年の比較

対課題力を構成する8つの項目について解説する（図表2-4）。

右脳的な力が求められる「試行力」「変革力」「機動力」「発想力」と、左脳的な力が求められる「計画力」「推進力」「確動力」「分析力」は対の関係になっている。

図表の数値は、2013年の新入社員（ゆとり世代）と2023年の新入社員（Z世代）のデータを比較した結果である。数値がプラスになっていれば、その力が向上しており、数値がマイナスになっていれば、その力は低下しているということだ。

全体的に見ると、右脳的な力が低下しており、左脳的な力が上がっていることが分かる。

項目ごとに見ると、「試行力」「推進力」「機動力」は特に低下しており、「計画力」「確動力」「分析力」は増加している。Z世代は、試行錯誤したり、軌道修正したりしながら仕事を進めていくことに苦手意識があるようだ。

一方で、綿密に状況を把握し、計画を立てながら着実に実行することを得意としていることが分かる。

図表 2-4 対課題力

右脳的な力が求められる「試行力」「変革力」「機動力」「発想力」と
左脳的な力が求められる「計画力」「推進力」「確動力」「分析力」から構成される

項目	説明	ゆとり世代とZ世代の差
試行力	自分でいろいろと試行錯誤しながら物事を進めることができる力	-9.0%
変革力	常に新しいものを取り入れたり変えていくことができる力	-5.1%
機動力	状況に応じて機転をきかせた判断行動ができる力	-6.2%
発想力	既成概念にとらわれることなく物事を考えることができる力	-4.2%
計画力	情報を整理して物事を段取りよく進めることができる力	3.7%
推進力	目的意識を持って、ゴールへと推し進めることができる力	-6.4%
確動力	計画したことに対して、着実に実行することができる力	3.4%
分析力	本質を捉えようと深く掘り下げて考えることができる力	9.5%

Z世代は……

試行錯誤したり、軌道修正したりしながら仕事を進めていくことに苦手意識がある。一方で、綿密に状況を把握し、計画を立てながら着実に実行することを得意としている。

出所:リンクアンドモチベーション調査結果をもとに筆者作成

対自分力の分析と、2013年と2023年の比較

対自分力を構成する8つの項目について解説する（図表2-5）。

外向的な力である「決断力」「曖昧力」「瞬発力」「冒険力」と、内向的な力である「忍耐力」「規律力」「持続力」「慎重力」は対の関係になっている。

図表の数値は、ゆとり世代とZ世代の比較結果である。全体的に見ると、外向的な力が低下しており、内向的な力が上がっていることが分かる。顕著な傾向は、「決断力」「冒険力」が低下していることと、「慎重力」が上がっていることだ。

Z世代は、先が見えない状況の中で、腹をくくって行動することに苦手意識を持っていることが窺える。あれこれ考え過ぎてしまい、なかなか行動に移せないのはZ世代の特徴だと言われるが、今回のデータでもそのことが裏付けられた。一方で、ルールに則って慎重に行動したり、忍耐強く仕事を進めたりすることは得意としていることが分かる。

対人力の分析と、2013年と2023年の比較

対人力を構成する8つの項目について解説する（図表2-6）。

図表2-5 対自分力

外向的な力である「決断力」「曖昧力「瞬発力「冒険力」と
内向的な力である「忍耐力「規律力「持続力「慎重力」から構成される

項目	説明	ゆとり世代とZ世代の差
決断力	一度決めたら最後まで貫く潔さで行動できる力	-11.5%
曖昧力	不確実で不安定な状態をそのまま受け入れることができる力	-3.7%
瞬発力	臨機応変に、かつ集中的にパワーを発揮することができる力	-4.4%
冒険力	新しいことに対して危険を恐れず挑戦することができる力	-7.9%
忍耐力	苦しみやつらい状況を受け入れて耐えることができる力	5.4%
規律力	秩序やルールに従って物事を進めることができる力	4.7%
持続力	長期間継続して1つのことに取り組むことができる力	2.0%
慎重力	注意深く丁寧に物事を進めることができる力	13.0%

Z世代は……

先が見えない状況の中で、腹を括って行動することに苦手意識を持っている。一方で、ルールに則って慎重に行動したり、忍耐強く仕事を進めたりすることは得意としている。

出所:リンクアンドモチベーション調査結果をもとに筆者作成

図表2-6 対人力

牽引型のスキルである「主張力」「否定力」「説得力」「統率力」と、
伴走型のスキルである「傾聴力」「受容力」「支援力」「協調力」から構成される

項目	説明	ゆとり世代とZ世代の差
主張力	周囲に対しオープンに自分の考えを発信することができる力	-8.8%
否定力	相手に対して、指摘や否定をすることができる力	-8.9%
説得力	相手に対して、自分の考えを理解・納得させることができる力	-10.0%
統率力	集団をまとめていくことができる力	-2.1%
傾聴力	相手の意見や要望に真剣に耳を傾けることができる力	4.0%
受容力	相手に共感し、受け入れることができる力	3.0%
支援力	相手に気を配り、援助やサポートをすることができる力	5.6%
協調力	周囲との調和を図りながら物事を進めることができる力	3.7%

Z世代は……

自分の意見の表明や、相手を否定しながら説得していくことに苦手意識を持っていることが窺える。一方で、周囲の人の話をしっかりと聞き、協調的にサポートしていく力には長けている。

出所：リンクアンドモチベーション調査結果をもとに筆者作成

牽引型のスキルである「主張力」「否定力」「説得力」「統率力」と、伴走型のスキルである「傾聴力」「受容力」「支援力」「協調力」は対の関係になっている。図表の数値は、ゆとり世代とZ世代の比較結果である。全体的に見ると、牽引型のスキルが低下し、伴走型のスキルが向上している。特に、「説得力」「否定力」「主張力」の低下が著しい。

Z世代は「自分の考えを持っていない」と言われることがあるが、今回のデータからも、自分の意見の表明や、相手を否定しながら説得していくことに苦手意識を持っていることが窺える。一方で、周囲の人の話をしっかりと聞き、協調的にサポートしていく力には長けていることが分かる。

ビジネススキルの総括

組織人格における「役割演技力」とも言えるビジネススキル（ポータブルスキル）は、この10年で一定の変化を遂げていることが分かった。Z世代の傾向を示すキーワードとして浮かび上がってきたのは、「進化するよりも『深耕』する」「挑戦するよりも『調整』する」「対峙するよりも『対話』する」などである（図表2-7）。

「進化するよりも『深耕』する」は、ゴールを目指して邁進するというより、自分が興味の

図表 2-7 Z世代の傾向（ビジネススキル）

進化するよりも「深耕」する

ゴールを目指して邁進するというより、自分が興味のある
分野をコツコツと掘り下げていく力に優れている

挑戦するよりも「調整」する

リスクを冒して新しいことに挑戦するというより、
周囲と協調し、異なる意見や立場を調整する力に長けている

対峙するよりも「対話」する

主張をぶつけ合って相手を説得するというより、
円滑なコミュニケーションによって
相手の共感や納得を引き出すことを得意とする

出所：筆者作成

ある分野をコツコツと掘り下げていく力に優れているというZ世代の特性を表している。「挑戦するよりも『調整』する」は、リスクを冒して新しいことに挑戦するというより、周囲と協調し、異なる意見や立場を調整する力に長けているという特性だ。「対峙するよりも『対話』する」は、主張をぶつけ合って相手を説得するというより、円滑なコミュニケーションによって相手の共感や納得を引き出すことを得意とするZ世代の傾向である。いずれも、Z世代のマネジメント層であれば認識しておきたい特性だ。

モチベーションタイプで見るZ世代

続けて、人材要件フレームの裏側である「モチベーションタイプ」を通して、Z世代の特徴を見ていきたい。

組織タイプの分析と、2013年と2023年の比較

あらためて、組織タイプとは「所属する組織に何を求めるか？」「組織の何を重視する

か？」という指向性のことである。組織タイプを構成する8つの項目についてまとめると、図表2－8のとおりだ。

図表内の数値は、2013年の新入社員（ゆとり世代）と2023年の新入社員（Z世代）のデータを比較した結果である。各項目の出現率が高くなっていれば数値はプラスになり、出現率が低くなっていれば数値はマイナスになる。端的に言えば、Z世代はプラスの項目をより求めるようになり、マイナスの項目をあまり求めなくなったということである。

各項目を見ていくと、「制度待遇」に対する関心が大きく高まっていることが分かる。また、「施設環境」や「会社基盤」を求める人も多くなっている。一方で、「組織風土」や「事業内容」などは関心度合いが低下している。

ひと昔前は、新入社員が給与・賞与や福利厚生など、納得感のある待遇を求めるのは成果を出してから求めるものという風潮も一定あったが、Z世代は入社時からしっかりと待遇を意識していることが分かる。「仕事内容」などは、ほとんど変動がない。「安定したホワイトな会社で、自分に合った仕事をしたい」といったモチベーションの高まりが感じられる。

図表2-8 **組織タイプ**

「所属する組織に何を求めるか？」「組織の何を重視するか？」
という指向性のこと

項目	説明	ゆとり世代とZ世代の差
会社基盤	**“将来の安心を担保したい”** 会社の財務基盤や顧客基盤などが安定していることを重視し、将来の不安を感じることなく仕事に集中したいという欲求を持つ。	9.4%
理念戦略	**“理念戦略に共感したい”** 会社が掲げる理念や戦略に共感できるかどうかを重視し、自分自身の考え方や価値観と働き方との間に一貫性がほしいという欲求を持つ。	-1.5%
事業内容	**“事業に意義を求めたい”** 会社の事業分野に興味・関心を持てることに加え、事業の将来性、成長性、競合各社と比較した優位性、社会に対する影響力、貢献度を重視する。	-2.5%
仕事内容	**“仕事にやりがいや意味を持ちたい”** 自分にとってやりがいがあり、力を発揮できることに加え、自己成長実感や社会への貢献実感が得られる仕事内容かどうかを重視する。	-0.7%
組織風土	**“自分の指向と風土を一致させたい”** 「自由さ」「風通しの良さ」など、会社の風土が自分の指向と合っているかどうかを重視する。	-3.1%
人的魅力	**“魅力ある人と一緒に働きたい”** 人的魅力にあふれる従業員が多いことに加え、魅力的な人材を採用・育成する仕組みを持っているかどうかを重視する。	-1.3%
施設環境	**“仕事がしやすい環境がほしい”** 効率よく、質の高い仕事をするための施設環境が整っているかどうかを重視する。	16.3%
制度待遇	**“納得感のある評価、待遇がほしい”** 評価や給与制度の基準や仕組みに関する透明性・公平性が担保されており、納得感を持てるかどうかを重視する。	21.5%

Z世代は……

「安定したホワイトな会社で、自分に合った仕事をしたい」

出所：リンクアンドモチベーション調査結果をもとに筆者作成

仕事タイプの分析と、2013年と2023年の比較

仕事タイプとは「どのような仕事に対して魅力を感じるか?」「どのような仕事の仕方を好むか?」という指向性のことである。仕事タイプを構成する4つの項目についてまとめると、図表2-9のとおりだ。

「ゼネラリスト指向」と「スペシャリスト指向」、および「ハンター指向」と「ファーマー指向」はそれぞれ対の関係になっている。図表の数値は、ゆとり世代とZ世代の比較結果である。「ファーマー指向」は、この10年でほとんど変わっていない。一方で、「ゼネラリスト指向」と「ハンター指向」が弱まり、「スペシャリスト指向」が強くなっていることが分かる。

周りを巻き込みリーダーシップを発揮していくよりも、自分の裁量で物事を深く掘り下げたいという指向性が強いのが、Z世代の1つの特徴だと言えるだろう。Z世代は、炎上したり叩かれることを恐れる世代であることもあり、失敗を恐れて挑戦をしない傾向があると言われるが、今回のデータからもその傾向は見てとれる。「未開の地をガツガツ開拓していくよりも、決まった枠組みの中で着実に仕事を進めたい」といったモチベーションの高まりが感じられる。

また、新しい関係を広げていくことより、固定された関係を深めていくことを好むのもZ

図表2-9 仕事タイプ

「どのような仕事に対して魅力を感じるか?」「どのような仕事の仕方を好むか?」いう指向性のこと

項目	説明	ゆとり世代とZ世代の差
ゼネラリスト指向	•リーダーシップを発揮することを期待された時にモチベーションが高まる •組織や職場での一体感を重視し、組織成果の極大化を目指す •周囲を巻き込んで仕事を進めるのが得意だが、専門的個人ワークは苦手	-10.4%
スペシャリスト指向	•特定分野の能力を開発・発揮できた時にモチベーションが高まる •個人成果の最大化を目指し、自分の裁量で物事を進めようとする •物事を深く掘り下げるのは得意だが、組織全体を見る視点を失いがち	5.3%
ハンター指向	•前例のない新しい事業や計画に取り組む時にモチベーションが高まる •過去の考え方にとらわれず、新しい分野に挑戦しようとする •新しい仕事は好んでやるが、地味で地道な仕事は苦手	-9.7%
ファーマー指向	•着実に技能や知識を蓄積し、体系化できた時にモチベーションが高まる •既存の仕組みや考え方に習熟し、より良く改善していこうとする •手順が明確な仕事は得意だが、大きな変化への対応は苦手	-0.6%

Z世代は……

「未開の地をガツガツ開拓していくよりも、決まった枠組みの中で着実に仕事を進めたい」

出所:リンクアンドモチベーション調査結果をもとに筆者作成

世代の特性と言えよう。

行動タイプの分析と、2013年と2023年の比較

行動タイプとは「どのような行動に対して喜びを感じるのか?」「どのような行動をする時にモチベーションが高まるのか?」という指向性のことである。行動タイプを構成する4つの項目についてまとめると、図表2－10のとおりだ。

「アタック指向」と「レシーブ指向」、および「シンキング指向」と「クリエイト指向」はそれぞれ対の関係になっている。

図表内の数値は、ゆとり世代とZ世代の比較結果である。明確に表れている傾向が、「アタック指向」と「クリエイト指向」が弱くなっていることだ。アタック指向の価値観の源は、勝ち負けや支配性である。アタック指向が弱くなっているということは、Z世代は勝ち負けへのこだわりが薄くなっているということだ。ひいては、勝負ごとを避ける傾向があるのかもしれない。

また、クリエイト指向の価値観の源は、好き嫌いや独自性である。SNSに慣れ親しんできたZ世代は、コミュニティから排除されないようにうまく立ち回ってきたせいか、上の世

図表 2-10 行動タイプ

「どのような行動に対して喜びを感じるのか？」
「どのような行動をする時にモチベーションが高まるのか？」という指向性のこと

項目	説明	ゆとり世代とZ世代の差
アタック指向	•勝ち負けにこだわり、人より抜きん出たいという意識が強い •困難な状況でも自ら道を切り開いて推し進めようとする •自ら周囲をコントロールして影響力を発揮しようとする	-0.5%
レシーブ指向	•善悪にこだわり、周囲との和を重視する意識が強い •困難な状況も受け入れて、柔軟に対応しようとする •周囲から頼られると、自分のことより優先してサポートしようとする	0.9%
シンキング指向	•評判や印象よりも、実績などの定量情報を重視する •悩んだ時は、データなどの事実情報をもとに判断する •論理や現実にこだわりすぎて、独自性に欠ける傾向がある	6.1%
クリエイト指向	•実績やデータよりも、人の意見などの定性情報を重視する •悩んだ時は、自分の感性や直感をもとに判断する •感覚や感性に引きずられて現実離れする傾向がある	-6.9%

Z世代は……

「穏やかに、波風を立てず、周囲との調和を大切にしたい」

出所：リンクアンドモチベーション調査結果をもとに筆者作成

代に比べて「目立ちたくない」人が多いと言われる。クリエイト指向が弱くなっていることからも、他者より目立つのを避けたいという気質が垣間見える。穏やかに、波風を立てず、周囲との調和を大切にするのはZ世代の特性だと言えるだろう。

モチベーションタイプの総括

個人人格としての傾向とも言えるモチベーションタイプも、この10年で一定の変化を遂げていた。Z世代の傾向を示すキーワードとして浮かび上がってきたのは、「理想よりも『現実』」「競争よりも『協調』」「賞賛よりも『承認』」などである（図表2-11）。

「理想よりも『現実』」は、夢を求めるより、堅実さを重視すると一般的に言われるZ世代の特性を表している。「競争よりも『協調』」は、競争に打ち勝って何かを手に入れることよりも、何かを失うリスクを恐れ、周囲と足並みをそろえることを求める特性だ。「賞賛よりも承認」は、他者に比べて優れていることよりも、自分らしさを認めてもらうことを重視するZ世代の傾向である。いずれも、Z世代のマネジメント層であれば認識しておきたい特性だ。

図表2-11 Z世代の傾向（モチベーションタイプ）

理想よりも「現実」

夢を求めるより、堅実さを重視する

競争よりも「協調」

競争に打ち勝って何かを手に入れることよりも、何かを失うリスクを恐れ、周囲と足並みをそろえることを求める

賞賛よりも「承認」

他者に比べて優れていることよりも、自分らしさを認めてもらうことを重視する

出所：筆者作成

図表2-12　Z世代のテクニカルスキル

パソコンスクールの「アビバ」において実施したExcelのスキル診断「エクセルスキルサーベイ」の結果

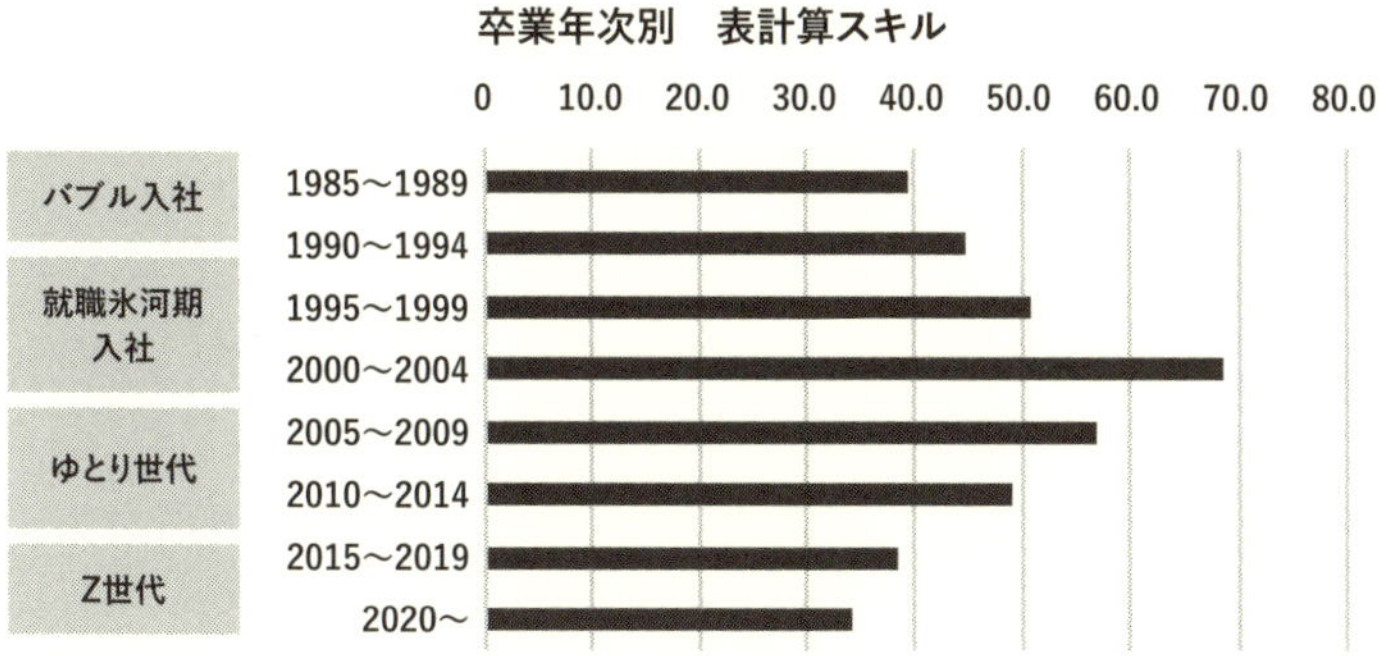

エクセルスキルサーベイの受検者数：3,085名（2018年から2022年5月までの受検者）
エクセルスキルサーベイの調査方法：試験用のエクセルファイルを受験者に配布し、スキルテストを実施。スコアは、操作点60点、時間点40点の100点満点。時間点は、大問ごとに7割以上の正しい回答がされており、かつ規定の時間内で回答していれば加点される仕組み。

出所：リンクアカデミー調査結果をもとに筆者作成

Z世代のテクニカルスキル

最後に、ビジネススキルの1つである「テクニカルスキル」についても、データからZ世代の特徴を見ていこう。あらためて、テクニカルスキルとは、業界・職種・地域（文化）に関する専門知識・技術のことである。

パソコンスクールの「アビバ」を運営するリンクアカデミーにおいて実施したＥｘｃｅｌのスキル診断「エクセルスキルサーベイ」の結果から、Z世代のテクニカルスキルを見ていきたい。

図表2－12は、ここ数年で実施

した「エクセルスキルサーベイ」の結果を、受検者の世代別にまとめたものである。入社直後からパソコンが支給され、操作に慣れ親しんできた就職氷河期世代のスコアが高いのは、至極当然の結果だと言えるだろう。一方で、Z世代のスコアは、全世代の中で最も低かった。業務上、必要とされるキーボード操作スキルや表計算スキル、プレゼン資料の作成スキルなどは、上の世代に比べ不足しているということである。Z世代は、スマートフォンなどのタッチ操作が主となるデバイスには慣れ親しんでいるが、パソコン操作を習得する機会は少なかったのかもしれない。昨今は、プログラミングの重要性が高まり、プログラミング教育が段階的に必修化されている。そのため、2030年頃に入社する新卒社員以降は、一定のスキルを習得していると考えられる。

Z世代の特性まとめ

データ分析から見えてきたZ世代の特徴をまとめておこう。役割演技の遂行の能力である組織人格（ビジネススキル）においては、「進化するよりも『深耕』する」「挑戦するよりも『調整』する」「対峙するよりも『対話』する」スキルが高い。Z世代を部下に持つマネジメント層は、このように感じたことはないだろうか。

- 波風を立てないように振る舞う
- すぐにやり方を求めてくる
- 新しい種類の仕事に戸惑う

これらはすべて、Z世代の演技スタイルを象徴しているのである。

また、個々人の指向性や価値観を示す個人人格（モチベーションタイプ）においては、「理想よりも『現実』」「競争よりも『協調』」「賞賛よりも『承認』」を求める傾向にある。同様に、Z世代を部下に持つ上司の方々は、このように感じたことはないだろうか。

- ビジョンを熱く語っても響かない
- 「一番を目指そう」と言っても届かない
- 皆の前で褒められることを嫌がる

ビジョン、一番、賞賛は、いずれもZ世代にとっては少々重たいコンテンツなのであろう。

加えて、Z世代は「デジタルネイティブ」と呼ばれるが、データから見るに、厳密に言うのであれば、スマートデバイス慣れした「デジタル〝スマートデバイス〟ネイティブ」と言ったほうが的確かもしれない。

筆者は昔から、「最近の若い者は」論は眉に唾をつけて見聞きしていることが多かった。50年前の若者評についての記事を見た時も今でも通用しそうな文言が多かったからだ。最近の若者論は、社会人経験を積んだ人のマウンティングなのではないかと思っていた。しかし同時に、最近の新入社員研修に立ち会う中で、肌感覚として10年前の新入社員との違いを感じていた。今回、実際のデータと照らし合わせてみると、想定以上に筆者の肌感覚と合致していることに驚いた。

これらのデータをもって、「だからZ世代は」と非難の対象にしても解決策にならない。世代間のギャップは受け止めていくしかない。これまで述べてきたようなZ世代の傾向は、決して「良い悪い」の問題ではないし、筆者もそれを問いたいわけではない。

世代ごとの価値観というのは、時代と環境が生み出したものなのである。重要なことは、Z世代の特性を客観的に受け入れたうえで、「どのようにマネジメントすることが会社と彼らにとって良いのか」を考えることだろう。

次章以降は、Z世代のマネジメントにおけるポイントや注意点について解説していきたい。

第3章

キャリア創りのスキルセット

第2章では、Z世代の2つの人格の傾向を見てきたが、Z世代の特性を理解しながら、Z世代にどう接していくのかが本書で伝えたいことである。本章では、いかにしてZ世代の組織人格を磨いていくかについて解説していきたい。

スキル獲得の目的

第2章の冒頭で示した「人材要件フレーム」をあらためて見ていただきたい（図表3-1として再掲）。

人材要件フレームの「表側」にはビジネススキルをまとめているが、これらは、組織人格に求められる「役割演技力」である。会計知識もITスキルも、コミュニケーション能力も論理的思考力も、すべて舞台上での役割演技力だと言える。組織人格として活動するためには、ビジネススキルという役割演技力を磨いていかなければいけない。

「ポテンシャル」や「スタンス」など、人材要件フレームのピラミッドの下位に位置するものほど、後天的獲得可能性が低い。一方で、「テクニカルスキル」や「ポータブルスキル」など、ピラミッドの上位に位置するものほど、後天的獲得可能性が高い。

図表3-1 人材要件フレーム

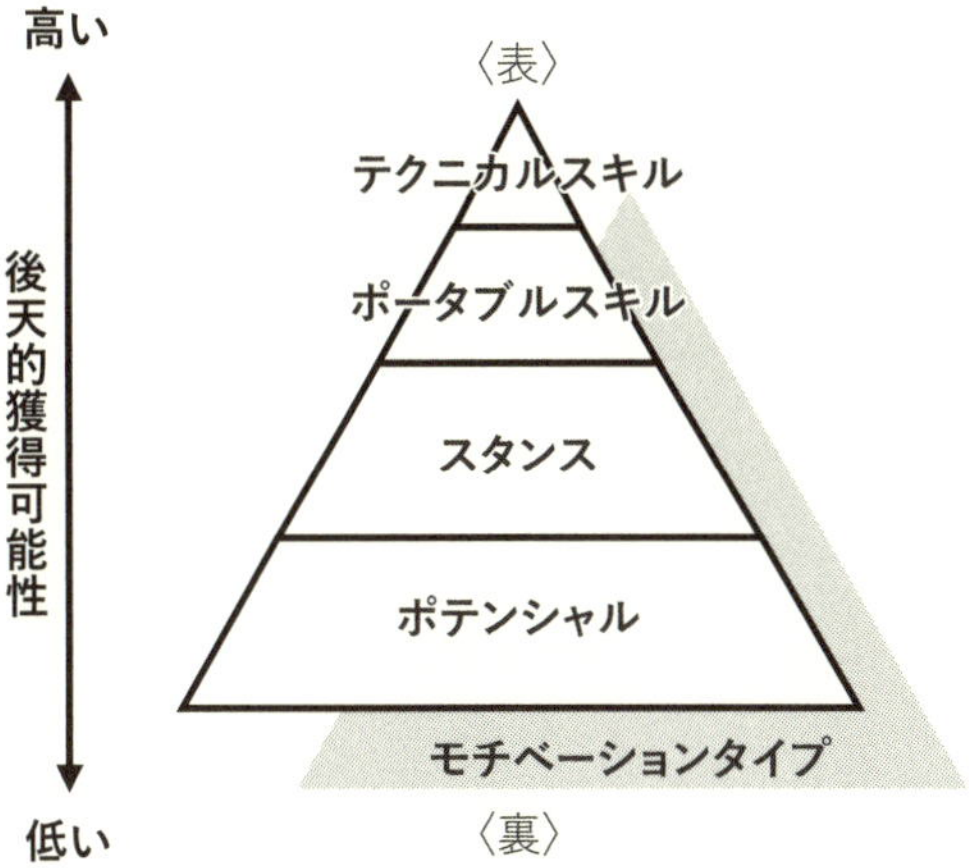

出所：リンクアンドモチベーション

最も後天的獲得可能性が低いのがポテンシャルだが、これは採用段階で適切に見極められることが一般的である。テクニカルスキルやポータブルスキルは、日々の業務を通して身に付けていくことが多い。しかし、同期で入社した新卒社員でも、1年後、2年後にはこれらのスキルにおいて大きな差が生まれていることが少なくない。なぜならば、テクニカルスキルやポータブルスキルの習得スピードは、その人の「スタンス」によって大きく変わってくるからである。言い換えれば、組織人格の成長スピードはスタンスによって左右されるということだ。

あらためて、スタンスとは何かを確認しておこう。スタンスとは、仕事に向き合う姿勢や、組織内で求められる役割認識のことを言う。舞台で言うなら、その配役における「心構え」である。課長には、課長としてのスタンスが求められ、社長には、社長としてのスタンスが求められる。むろん、新入社員も同様だ。

しかしながら、Z世代の新入社員のスタンスは上の世代のそれとは少し変化してきているように思う。

学生の本分は学ぶことである。学生時代は学ぶことが「目的」であり、自分のために学ぶというスタンスで問題なかった。だが、社会人になると、学ぶことは「手段」になる。組織人格としての役割演技を通して、社会に価値を提供するために学ぶのである(図表3-2)。

Z世代の新入社員からは、「自分のキャリアを磨くために学ぶ」といった声が聞かれる時がある。これは、学ぶ目的が個人人格に向き過ぎている状態であると考える。社会人として会社から提供される学びの機会は、個人人格として自分のために学ぶのではなく、組織人格として舞台で良い演技ができるようになるために提供されるのである。良い演技ができた時(社会に価値を提供できた時)には、個人としての喜びも得られるであろうが、あくまで企業が提供する役割や責任は組織人格を全うしてもらうことを目的としている。結果として個人のキャリアが磨かれるのである。

「自分のキャリアを磨くために学ぶ」というスタンスでいる新入社員に、会社がどれだけ知

図表3-2　「学ぶ」ことの位置付けの違い

学生時代は……

- 学ぶことが「目的」
- 個人人格として自分のために学ぶ

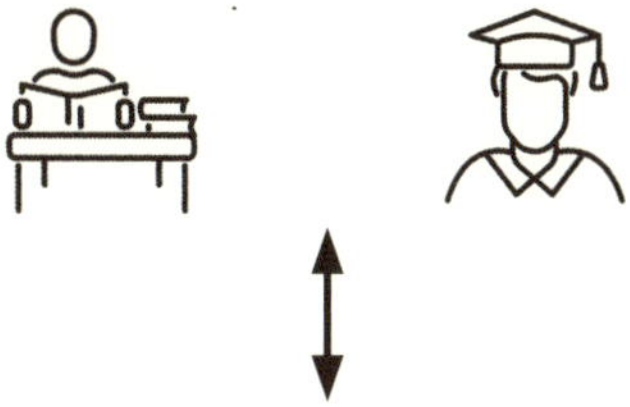

社会人は……

- 学ぶことは「手段」
- 組織人格として 社会に価値を提供するために学ぶ

出所：筆者作成

識や技術を提供しても、それが組織に活かされる度合いは低くなる。新入社員は様々なスキルを習得していく必要があるが、学ぶ目的が個人人格に向いている場合は、第一にスタンスを正さなければいけない。

　筆者は毎年、新入社員研修で講師を務めているが、個人人格と組織人格をうまく切り分けられずに、学ぶ目的をはき違えている新入社員が一定程度存在している。特にZ世代は、「この研修は、自分にとって何の意味があるのか？」というように、「自分にとって」という意識が先に立ってしまっているように思う。

繰り返しになるが、会社が学びの機会を提供するのは、組織のためであり、社会に価値を提供するためである。結果として自分のためになるのは喜ばしいことだが、「自分のために」が目的になってはいけない。

このようなスタンスのまま仕事をしていると、本人にとっても会社にとっても不幸な結末を迎えることになる。新入社員が入社したら、早い段階でスタンスの育成・強化を図ることが重要だ。

組織人格の価値観形成

「社会人は組織のために学ぶのだ」と記したばかりだが、「組織のために」という言葉には前近代的なニオイがある。戦時中の「お国のために」というスローガンにも通じる全体主義的な感覚を覚える人もいるのではないだろうか。

第1章で述べたとおり、今は個人人格を意識しやすい時代であり、ホワイト化の流れの中で、「組織のために」という言葉は口にしにくい風潮にもなっている。「個人のために社会がある」という視点を強調するあまりに、「社会のために（自己犠牲を図る）」という視点は古臭く感じる人も少なくないだろう。

新人育成においても、講師や上司から「会社のために」という言葉を積極的に言いづらい空気が蔓延しているように思う。だからといって、新入社員が「自分のために」というスタンスで学んでいたら、組織人格としての成長スピードは上がらない。こうした葛藤に悩んでいるマネジャーは少なくないだろう。

「個人のためなのか？　それとも組織のためなのか？」という問いそのものから考え直してみたい。この問いは、個人と組織が「バラバラに存在している」ことが前提になっている。それぞれが独立に存在するという意味では「二元論的」である。この考え方に立っている以上、組織と個人は永遠に重なり合うことはない。「個人のために」という考え方は個人主義となり、「組織のために」という考え方は全体主義となる。

この考え方と対をなすのが、「一元論的」かつ「関係性的」とも言える本書における考え方だ。本書は、個人人格と組織人格が「同時に存在」しており、組織と個人は相互に影響を及ぼし合っているという前提に立っている。例えば「舞台」でドクター役を演じている役者のAさんは、ドクターという組織人格を有しているのと同時に、Aさんという個人人格も有しており、これらを切り離すことはできない（図表3-3）。

図表3-3 個人人格と組織人格は「同時に存在」している

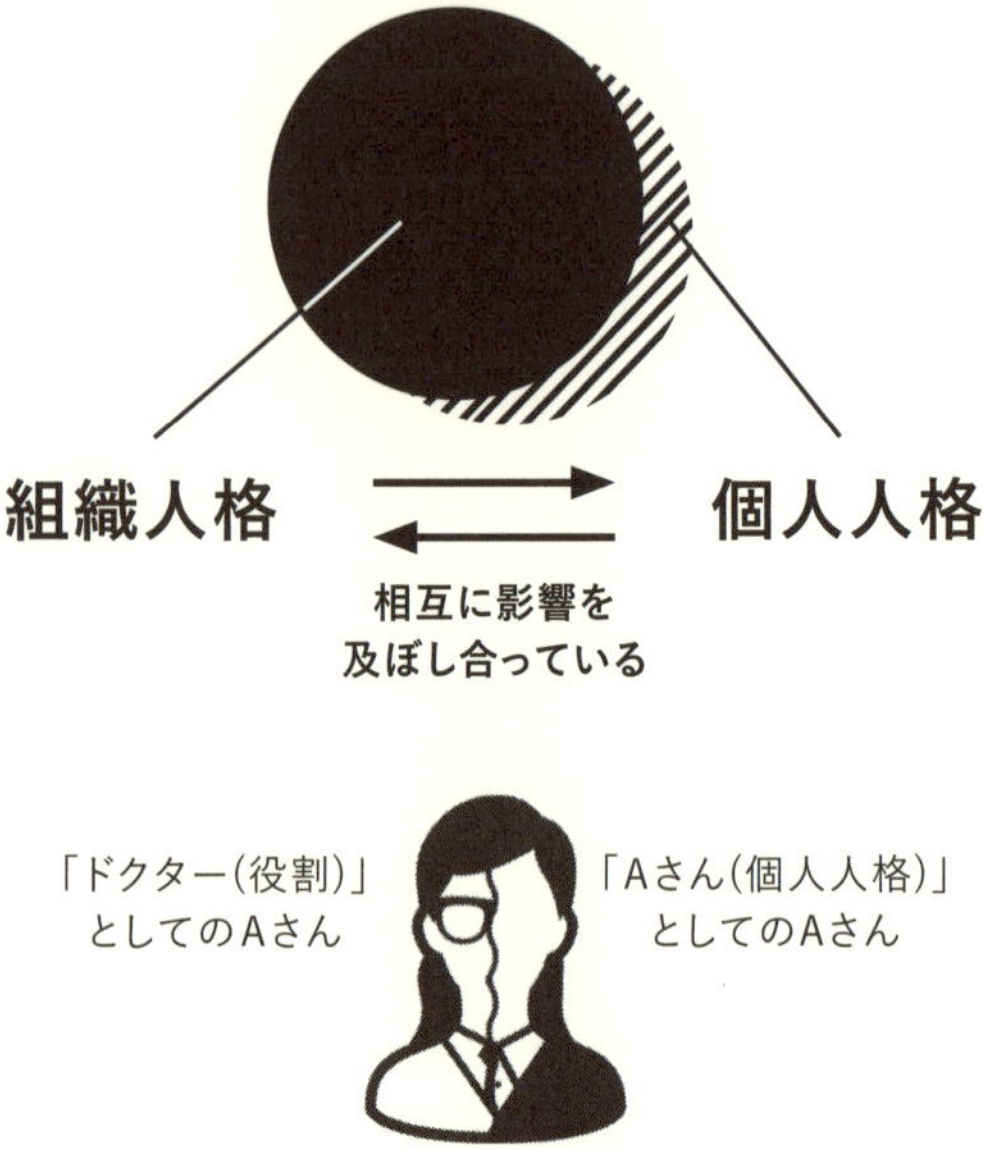

出所:筆者作成

この考え方に立脚すると、「組織のために」は、すなわち個人のためであり、「個人のために」は、すなわち組織のためであるということになる。お互いに良い影響も悪い影響も与え合うのだ。つまり、組織人格として役割演技力を高めることは、個人人格としての幸福にもつながることになる。

個人人格としての幸福を求めるために、入社する会社を決めたのは自分自身である。そして、入社したら組織に貢献するためにビジネススキルを習得し、組織人格を磨いていくのである。ビジネススキルが高まり、できることが広がっていけば、個人人格としての自由度はどんどん高まっていく。この状態は、個人人格と組織人格のどちらかが犠牲になっているわけではなく、相互に好影響を与えている状態だ。

自分の役者としての評価のためだけに演技をしている役者と、舞台を成功させるために演技をしている役者では、どちらが大きな学びを得られるだろうか？　個人人格と組織人格の観点で考えるなら、言うまでもなく後者である。その結果、役者として成長し、次の舞台においてより重要な役を任されたり、より大きな舞台に出演できるようになったりするのである。

Z世代の新入社員から、「何のための研修なのか？」と問われたら、全力で「組織の発展のためである」と答えていただきたい。ただし、「それが、あなたたちの自由にもつながるのだ」という言葉を添えていただきたい。時代の空気を読んで、「みなさんのためです」と中途半端な甘言でごまかしてはいけない。スタンスがズレたままでは成長が鈍化して、本人も会社も不幸になるだけだ。

「STARの観点」でZ世代のスタンスを強化する

新入社員の成長スピードを上げるも下げるも、スタンス次第である。本節では、Z世代の新入社員のスタンス強化に欠かせない観点についてお伝えしたい。キーワードは、「Say」「Target」「Action」「Role play」の4つである。頭文字を取って「STARの観点」と覚えていただきたい。

Say：受け身にならずに発信してもらう

前章のデータ分析で明らかになったように、Z世代は主張型のコミュニケーションに苦手意識を持っている。自分の意見を発信することが苦手なのだ。加えて、集団の中で目立つことを嫌う傾向があるため、たとえ自分が良い情報を持っていても、それをオープンにしないこともある。

しかし、ビジネスを推進するためには情報共有が不可欠である。一人ひとりの社員が情報を持ち寄り、それを組織内で共有することで初めて、新たな発見や価値が生み出されていく。情報の価値や重要性は、受け手によって変わってくる。自分にとっては重要でない情報でも、他者にとっては重要な情報かもしれない。独断で情報の価値を決め付けず、まずは共有することが大切だ。情報共有が滞っている組織は、パフォーマンスも上がらないし、イノベーションも生まれない。その結果、組織全体の価値が下がっていくだろう。

また、新入社員は、「聞く耳を持つこと」以上に「話す口を持つこと」が重要だ。「発信するのが苦手なBさん」と「積極的に発信をするCさん」がいたとする。この2人をマネジメントしている上司は、どちらの部下のことをより理解しているだろうか。言うまでもなく、Cさんである。Bさんは発信をしないので、上司からすると「何が分かっていて、何が分かっていないのか」が分からない。それゆえ、Bさんは的確なアドバイスをもらえず、結果、成長が阻害されるという悪循環をたどる。

新入社員は、周囲から「分かりやすい存在」であったほうがいい。ある仕事に面白さを見いだしたのであれば、「この仕事は面白い」と発信する。そうすることで、マネジャーもそれに合わせて仕事をサジェストできる。仕事が「きついな」と感じた時も、素直に発信すればいい。そうすることで、周囲の誰かが手助けしてくれるだろう。発信することは、自分を成長させるためにも、自分の身を守るためにも、非常に重要な行為だと言えるだろう。

「報・連・相」は新入社員の基本だと言われるが、報告も連絡も相談も、すべては発信から始まる。新入社員が「報・連・相」を徹底できれば、マネジャーも、修正点や注意点、今後の進め方など、的確なタイミングで的確なアドバイスをすることができる。発信なくして、円滑に仕事を進めることなど不可能なのだ。

新入社員のマネジメント経験がある人なら思い当たるであろうが、新入社員の話は要領を得ないことも多い。事実情報と推測情報を切り分けて伝えられなかったり、結論から伝えられなかったりするからだ。これらは、先輩やマネジャーから指摘を受けながら改善されていくものであるが、そもそも発信してくれなければフィードバックのしようもない。

前章のデータからは、Z世代が「受容力」「傾聴力」に優れていることが分かったが、受容や傾聴だけではビジネスは前に進まない。Z世代だからこそ、「Say（受け身にならずに発信する力）」を磨く必要がある。Z世代をマネジメントする人は、部下のSayを促すことに注力してもらいたい。

Target：目標・目的を自分事化してもらう

前章のデータ分析から、Z世代の特徴として「競争よりも『協調』」を求める傾向が見えてきた。Z世代は「目標を絶対に達成するんだ」という執着心や、「誰よりも大きな成果を出してやるぞ」という競争心が希薄になっていると考えられる。組織としての目標は、あくまで組織人格として達成すべき目標であり、現代のように個人人格を意識しやすい時代においては、「自分にとって組織目標を追いかけることにどのような意味があるのか？」という認識があるのかもしれない。

だが、ビジネスは競争という側面が強く、その中で生き抜いていくためには、一定の競争意識や目標への執着が必要になる。もちろん、全部が全部、弱肉強食の競争社会であるわけではない。目まぐるしく変化する時代においては、ライバルを打ち負かすことより、変わりゆく環境に適応することのほうが重視されるケースもある。しかし、人間社会に競争が存在することは事実であり、その中では目標に執着するマインドも必要である。

また、一般的に若手社員は、ゴールから逆算して考えるのではなく、現在の状況から積み上げて考える傾向がある。経験をあまり積んでいないがゆえに、自分の行動がどのような成果をもたらすのかを感じ取ることができないからだ。さらにはZ世代の特徴の1つとして明らかになったのが、「理想よりも『現実』」である。組織としてのあるべき姿を追求していくために目の前の仕事を頑張ろうという意識が希薄になり、今、目の前にある仕事がミッションのすべてになりがちだ。

しかし、仕事を効率的に進めるためには、目的と手段の関係を意識しなければならない。例えば、個々の営業目標の達成という目的は、会社の売上向上という目的達成のための手段である。目の前にある仕事の目的は、より上位の目的を達成するための手段なのだ。

目の前の仕事の目的しか考えられないと、仕事そのものの意味が矮小化され、「やらされ仕事」になってしまう。これを避けるためには、目的を自分事化することも大切だ。他者から与えられた目的では、その背景や意図が分からない。目的を自分事化することで初めて、上位の目的を考えることができるのだ。

Z世代をマネジメントする人は、部下に「Target（目標・目的を自分事化すること）」を意識させなければいけない。

Action：失敗を恐れず行動することを促す

同様に前章のデータ分析から、Z世代の特徴として「挑戦するよりも『調整』する」という傾向が見えてきた。

筆者は長年、新入社員研修の講師を務めてきたが、最近の受講生に「ある顕著な傾向」を感じている。新入社員研修のコンテンツの1つに、グループでの「ロボット製作ワーク」というものがある。

このワークでは、グループの個々のメンバーに、ロボットの最終形態を「上」「下」「左」「右」「前」「後」の6方向から記した設計図を渡す。そして、それぞれが自分の持っている情報を口頭で共有しながら、部品を調達し、ロボットを完成させていく。多角的な視点を持つことや、行動することとの重要性を理解するためのワークである。

10年前のロボット製作ワークでは、10グループほどあれば、40％程度のグループが時間内に完成させていた。しかし、ここ数年は、20グループほどあっても、1グループも完成させることができないケースが散見される。

グループワーク中の会話に耳を傾けてみても、ロボットの完成に向けて話し合っている内容や方向性は10年前と変わっていない。ただ、10年前の受講生と決定的に違う点が1つある。それは、「何が何でも時間内に完成させる」という意識が希薄になっていることだ。それよりも、「完璧であらねばならない」という意識が強く、それがグループ内で暗黙の前提になっている。そのため、誰かがリスクを負って行動しようとしても合議によって否定され、机上の空論が長引き、タイムアップを迎えてしまうのだ。

データからも、「失敗を恐れて挑戦をしない」というZ世代の傾向が見えてきたが、まさにこうした特性の表れだと言えよう。筆者自身もグループワークに立ち会う中で、「失敗したくない」「失敗を周囲に見せたくない」という受講生の内面を垣間見ることが少なくない。

仕事には失敗が付きものであることは当たり前のことである。ましてや新入社員は、失敗が許容されやすい立場である。管理職クラスが失敗ばかりしていたら、企業の屋台骨を揺るがしかねないが、新入社員の失敗は企業側も織り込み済みである。企業としてはむしろ、行動して失敗することで新入社員が何かをつかみ取ってくれることを望んでいるはずだ。

Z世代をマネジメントする人は、部下の「Action（失敗を恐れず行動すること）」を促していかなければいけない。

Role play：他者視点を踏まえて指摘する

前章のデータ分析から、穏やかに、波風を立てず、周囲との調和を大切にすることがZ世代の特性として見えてきた。多様性が尊重される時代において、自分の意見を押し付けるのではなく、相手の意見を尊重しながら調整を図っていけるのは、良い傾向であると捉えることもできる。

だが、仕事を進めるうえではマイナスに働くことも少なくない。筆者も研修のグループワークなどで、受講生同士が本音でお互いを指摘し合えず、ワークが停滞してしまう現状を何

図表3-4「STARの観点」

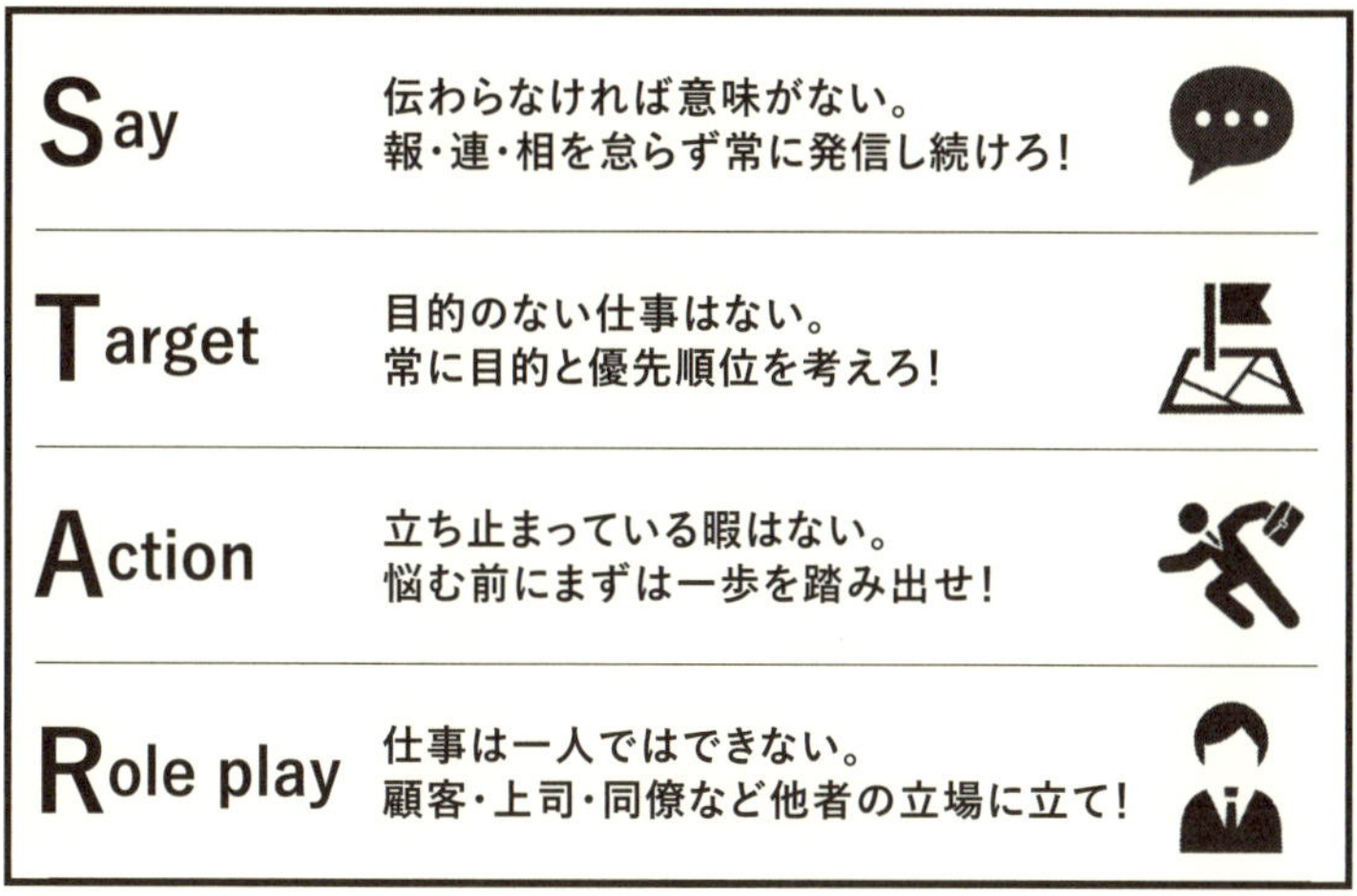

Say	伝わらなければ意味がない。報・連・相を怠らず常に発信し続けろ！	
Target	目的のない仕事はない。常に目的と優先順位を考えろ！	
Action	立ち止まっている暇はない。悩む前にまずは一歩を踏み出せ！	
Role play	仕事は一人ではできない。顧客・上司・同僚など他者の立場に立て！	

出所:リンクアンドモチベーション

度も目の当たりにしてきた。同僚の研修講師に話を聞いても、「最近の受講生は、少しでも相手を傷付ける可能性があれば、指摘を避ける傾向にある」と言う。

仕事において大切なことは、協働によって価値を生み出すことである。協働を図る際には、自分の意見が否定されることもあるだろう。だが、否定された人の気持ちを慮《おもんぱか》ることばかりを重視していたら、価値を生み出すことはできない。誰も否定しないようなマイルドな意見が乱立する状況では、方針も定まらないし、合理的な意思決定もなされないはずだ。

また、否定されることを恐れて自分の意見を言えない人もいるだろう。「こんな意見はあまり意味がないだろう」と考え、自分の意見を発信しないでいると、これまた適切な意思決定が阻害されてしまう。自分の意見や持っている情報を仲間に伝えること、仲間の意見に対して自分が思っていることを伝えること――。これらは、仕事を進めるうえでの基本である。

Z世代は、相手の気持ちを思いやることができる。ただ、それが「遠慮」になってしまうと、遠慮する側にも、遠慮される側にも、何ももたらされない。仲間に「配慮」しつつ、指摘できる勇気や愛情を持つことが大切だ。

Z世代をマネジメントする人は、部下に「Roleplay（他者視点を踏まえて指摘すること）」の重要性を認識させなければいけない。

Z世代のスタンス強化の2つのポイント

筆者は、前述の「STARの観点」を、新入社員に求められる最低限のスタンスとして定義している。リンクアンドモチベーションでは20年以上前から、新入社員研修の重要なコンテンツとして、STARの観点の確立に力を入れてきた。このフレームワーク自体は20年前と変わっていないが、近年の新入社員研修は、クライアント企業と擦り合わせながら、Z世代の特性に合わせてメッセージの伝え方などを変えている。

Z世代のスタンス強化を図る際に意識していただきたいのが、以下の2つのポイントである。

①「理不尽」ではなく「理尽」な環境で自己特性を把握する

1つ目のポイントが、「理不尽」ではなく「理尽」な環境において、自己特性を把握することだ。少し脱線するかもしれないが、別の例をお伝えしたい。

JAXA（宇宙航空研究開発機構）は、日本の宇宙航空政策を担う国立研究開発法人だ。JAXAの活動の1つに、宇宙飛行士の育成がある。

宇宙飛行士は、国際宇宙ステーションなど、地上と隔絶した環境で過ごす孤独感、異なる文化の人々と毎日顔を突き合わせて過ごすストレス、危険な環境で過ごす緊張感など、様々な負荷がかかる状況下で、高度な作業をしていかなければならない。JAXAには、このような状況下でもハイパフォーマンスを発揮できる人を選別・育成するための仕組みが整っている。『宇宙兄弟』という漫画を読んだことのある方ならイメージできるであろう。

選別の際は、外が見えない閉ざされた空間の中で単純作業や共同作業を繰り返すことで、その人の対処力やストレス耐性など、宇宙飛行士としての素養やポテンシャルを見抜いていく。育成時においても、洞窟でサバイバルをしたり、閉鎖空間の中で作業をしたりと、通常ではあり得ないような、ある種「理不尽」な環境下でストレスを与えることで、体調的、および心理的な変化を自覚させ、対処方法を身に付けさせる。

このような状況に置かれると、人は自分自身も気付かなかった「素」があぶり出されてくる。「何にストレスを感じるのか?」「ストレスを受けた時にどうなるのか?」など、自分の特性を知ることで、セルフマネジメント力を高めていくのである。

この考え方は、新入社員の育成にも応用できる。もちろん、宇宙飛行士のように極限状態に追い込んで鍛えるなど、一般企業ではやり過ぎだろう。とはいえ、社会人になれば、学生時代のように気心の知れた仲間とだけ一緒にいるわけにはいかず、顧客や上司、同僚など様々な関係性の中で、目標を確実に遂行することが求められる。そこには、決して少なくないストレスが伴うはずだ。

人が生きていくうえでストレスがなくなることはない。人間関係が煩わしいからと、一人で山にこもったとしても、ストレスから逃れることはできない。大切なことは、ストレスフリーにすることではなく、「ストレスマネジメント」をすることである。そして、ストレスをマネジメントするためには、前提として「自分の特性を知る」ことが不可欠だ。

繰り返しになるが、宇宙飛行士の訓練のように「理不尽」な極限状態に追い込むことが目的ではない。「自分の特性を知る」という目的で、コントロールされた環境下でストレスマネジメントをしてもらうことが大切だ。

これまでの新入社員研修を振り返ってみると、ビジネス活動において巻き込まれるであろう理不尽な状況下に身を置くことで、ストレス対処法や限界突破の方法を学ぶ研修が流行《はや》った時期がある。筆者の過去の経験としても、2010年頃までは、受講者にあえて「理不尽な環境」を与えることで、気付きを促す研修を行っていたこともあったが、今はそうした対応はしていない。

現在は、たとえ顧客であったとしても、理不尽なクレームを言う顧客には、「カスタマーハラスメント」であると厳しい目が向けられる。個人人格を意識しやすい環境においては、理不尽さを押し付ける研修は不健全であるという判断である。世の中の一般的な研修も、「理不尽」なアプローチは避け、理を尽くして指摘するという「理尽」なアプローチに最近は変わってきている。結果として、Z世代の新入社員にうまく気付きを与え、行動変容を促すことができる時代に最適化したコンテンツに進化させることができた。

②ムーンショットでの目標とスモールステップの計画

新入社員のスタンスは、仕事をしているうちに何となく確立していくものではない。2つ目のポイントが、「ムーンショットでの目標とスモールステップの計画」だ。

「ムーンショット」とは、1961年にジョン・F・ケネディ大統領がアメリカのアポロ計画に関する演説の中で用いた言葉で、現在ではビジネスにおいて達成できないような大きな挑戦を指す言葉として使われている。

かつての新入社員教育では、全員を崖から突き落とし、その中から這い上がってくるメンバーを待つようなアプローチを、採用している会社もあった。だが、今の時代のZ世代にこのようなアプローチが不適切なのは言うまでもない。ましてや、人材不足が深刻化している時代だ。できるだけ多くの新入社員に然るべきスタンスを形成してもらうためには、確率論的なアプローチは避けるべきである。

1つ目のポイントとして挙げた「自己特性の把握」ができた後は、自分の弱点が成長の足かせにならないようにケアしながら、強みを勝ち得ていくプロセスに進みたい。

研修期間や実務習得期間において、新入社員に目標を設定させる企業は多い。その際にやってはいけないのが、「できる範囲のやるべきこと」を目標にすることである。営業部に配属された新入社員で言えば、「会社紹介ができるようになる」など、通常業務を行っていれば自然とできるようになりそうな目標がそうである。

こうした目標は、できることを増やし、承認し、自信をつけさせて成長を促すという観点から見ると正しいようにも思える。だが、それでは、テクニカルスキルを伸ばすことはできても、スタンス形成まではたどり着けない。

スタンスとは、言わば、ビジネススキルを支える「筋肉」である。筋肉は、一定以上の負荷がかかる行動を繰り返すことで鍛えられていくものだ。自分の特性を踏まえながら、自分に必要な筋肉を鍛えていくことが重要だが、この筋トレの効果を最大化させるためには、「高い基準の自己定義」を定める必要がある。

例えば、新入社員に「1年後になりたい自分」を想像させるとしよう。その際は、過去に同じ職場に配属になった新人の中で、1年で最も成長した人の状態を基準値として、その基準値を実現している自分を定義していくことが大切だ。そのうえで、「1カ月後はどのような状態に達しているべきか?」「3カ月後は?」「半年後は?」というように期限を切って、目指す状態を設計していく。

中には、「いきなり高い基準を設定したら、新入社員がかわいそうだ」「折れてしまっては意味がない」と考える人もいるだろう。しかし、思い描かなければ行動は変わらない。普段どおりに歩いていたら、いつの間にか富士山の頂上にたどり着いていたという人はいないだろう。富士山の頂上を目指すから、日々の行動が変わるのだ。新入社員に「自分にとってのムーンショット（富士山の頂上）は何なのか？」を考えさせ、上司や同僚とともに頂上に至る道のりを描くことが大切である。

企業の風土として、新入社員の育成は人事の役割であり、現場の上司は業務を教えていればいいと割り切っている会社も少なくない。だが、その考え方でいる限り、新入社員は確率論の中でしか育たない。本気で新入社員を育成したいと考えるなら、現場の上司や同僚の関与が不可欠である。上司には、日常業務を教えることだけでなく、もう少し長期的な視点で新入社員の課題を理解したうえで、行動をサポートすることが求められる。

設定した目標を実現するためには、スモールステップでの日々の行動計画を定めることが重要である。この時に意識したいのが、「できたか、できなかったかを明示できるくらいスモールステップな計画であること」と「日々実行できるようなスモールステップの計画であること」だ。

例えば、「顧客先で価値を出す」といった曖昧かつ不適な行動目標は避けるべきである。そもそも、「顧客先での価値」とは何なのかがはっきりしない。「何をもってできたのか？

（できなかったのか？）」を明示できなければ、上司としてもフィードバックのしようがない。また、顧客先での商談がない日は行動につながらない。その場合は、商談がない日は何を行動計画にするかも考える必要があるだろう。

日々の行動計画を定めることができれば、その後は日報などを活用して振り返りや内省をすることができる。また、1カ月後や3カ月後の目標も定めているので、定期的に進捗を確認し、必要に応じて軌道修正を図ることができる。高い基準を設定したうえで、PDCA（計画・実行・評価・改善）サイクルを高速回転させることで、一定の負荷の中で自分にとって必要な筋肉を鍛えることができるはずだ。

企業実例

株式会社キュービック

新人の成長スピードが、社内のスタンダードを変革

抱えていた課題

株式会社キュービックは、デジタルメディアにおける成果報酬型広告事業を主軸とする企業だ。広告主の商品・サービスを訴求するビジネスであり、ユーザーの興味・関心をかき立てるような魅力的なコンテンツを作成している。

同社が創業した2006年当時、成果報酬型インターネット広告は、新しいマーケティング手法として注目を集めていた。その一方で、ダイエット広告において、ビフォーとアフターで別人の写真を使ったり、もともと痩せていた人を太らせてビフォーとアフターの写真を逆にしたりと、一部の悪質なプレイヤーによる詐欺まがいのコンテンツが横行するなど、市場はまだ未成熟な状態だった。

こうした市場において、同社は誠実なマーケティングにこだわり、ユーザーの心の奥底に眠るインサイト（深層心理）にアプローチする本質的なコンテンツ作成によって、成長を遂げてきた。同社が考える事業の本質は「ヒト・ファースト」である。

同社は創業期から学生のインターンを積極的に採用し、彼らに主体的に活躍してもらうことで育成の機会と事業の成長を両立させてきた。これは、代表の世一英仁《よいちひでひと》氏が学生時代に塾講師のアルバイトをしていた経験から、学生にビジネス経験を積ませる重要性を実感していたからである。インターンからそのまま入社する新入社員も多く、入社1年目から、インターン生のマネジメントをする仕組みもできていた。

しかし、ここに1つの課題が生まれる。学生が多く活動する組織であったがゆえに、ビジネスであるにもかかわらず、社会人としての自覚がないまま仕事に取り組む新卒社員もなかにはいた。社会的な影響力が増してきたフェーズにおいて、会社として襟を正していくためにも、社員の基礎的スタンスの強化が求められるようになったのだ。

加えて、インターンを経てそのまま入社すると、得てして1年目から「できる」という自己認識を持ってしまいがちだ。同社にもこうした新入社員が多く、自分の課題を発見し、もっと成長していこうという意欲に欠ける傾向も見られた。新入社員の早期戦力化はもちろんのこと、それ以上に、圧倒的な成長を遂げる新入社員を生み出すことが課題となったのだ。

そこで、リンクアンドモチベーションの支援のもと、「新入社員のビジネススタンスの強化とそれに伴う圧倒的な成長の実現」をテーマにしたプロジェクトをスタートさせる。プロジェクト名は、進化論の祖であるチャールズ・ダーウィンの名を冠して「Darwinプロジェクト」と命名した。

Darwinプロジェクトの実施期間は、新入社員が入社した4月から12月末までである。基本的には、OJT（実務経験を通じた育成）をベースにしながら、定期的にOFF―JT（研修）を挟み込んでいく形式だ。研修は、月に1回のペースで合計9回実施する。

「理尽」な環境での自己課題の発見

4月に実施する1回目の研修テーマは「ストレス環境における自己特性の把握」である。目的は、コントロールされたストレス環境において、自分の特性をあぶり出していくことである。ポイントは、他者の眼を通してあぶり出していくことだ。「自分のことは自分が一番分かっている」と言われるが、それは、個人人格の話である。組織人格としての「役割演技力」は、観客である周囲の人間から指摘されないとなかなか気付けないものである。

ストレス環境と言うと、ネガティブな印象を持たれがちだが、通常のビジネスで発生する程度のコントロールされたストレス環境を生み出している。個人の特性をあぶり出すという目的の中で、理不尽ではなく「理尽」なストレス環境を設定しているのだ。こうした状況設定は、ホワイト化の時代だからこそ慎重に設計することが必要であると思う。

受講者の課題をあぶり出していく手法として活用するのが、「STARの観点」だ。STARの観点を活用することで、例えば以下のような課題が発見される。

●Say
思い切って自分の意見を述べることができない。自分の意見を伝える際も謙遜し過ぎて本心が伝わらない場合がある。

●Target
表面的には器用にコミュニケーションを図ることができるが、議論が行き詰まった時に目的に沿った本質的な対話をすることができない。

●Action
順調な時は率先して取り組むことができるが、少しプレッシャーがかかる環境に置かれると、途端に引っ込み思案になる。

●Roleplay

追い込まれると自分の世界に没入してしまい、他者の状況を配慮できない言動をしてしまう。

こうした自己特性をあぶり出すために、もう1つ大切なことは、受講者が「受容できる状態」にあることである。どれだけ他者に指摘されても、受講者が受容できる状態になければ、変革への期待は望めない。

STARの観点によって課題をあぶり出したら、その課題を解決するための日常のアクションプランを検討していく。通常、2〜3日の研修でここまでを進めていく。ビジネススタンスの自己課題発見のための研修に2〜3日を費やすのは、長いと感じる方もいるかもしれない。だが、前述した宇宙飛行士の育成とまではいかないが、ある程度の時間をかけなければ本質的な課題をあぶり出すことはできない。長い社会人人生において「役割演技」をし続けていくことを考えたら、新入社員のうちに自己特性を把握しておくことは極めて重要であり、そのための導入研修としての工数対効果は決して低いものではない。

できるだけ高い目線で目標設定

2回目の研修では、「12月末までに、どのような状態になりたいか？」という目標を設定する。ポイントは、ムーンショットで目標を掲げることだ。

繰り返しになるが、普通に歩いていて、気付いたら富士山の頂上にたどり着いていたという人はいない。富士山の頂上を目指して歩く人だけが、富士山の頂上にたどり着けるのだ。

例えば「粗利2000万円を稼ぐチームリーダー」という目標を設定したとする。だが、この目標が、新入社員の半数以上が達成できるようなレベルの目標であれば意味がない。「粗利5000万円を稼ぐマネジャー」というように、新入社員が10人いたら、そのうちの1人が達成できるかどうかの目標を設定することが重要だ。圧倒的な成果を出している状態の自己定義をするのである。

「アカデミー賞主演男優賞を獲る」と決めて演技をする役者と、「前作よりも良い演技をしたい」と考えて演技をする役者では、目線の高さが変わってくる。もちろん、全員がアカデミー賞主演男優賞を獲れるわけではない。ただ、高い目標を掲げることで、見える世界を変えることが大切なのだ。

新入社員の成長を支援するうえでは、「初期段階の長期目標」において、できるだけ高い目線を設定しておくことが重要である。これは、数多くの新入社員研修を実施してきたリンクアンドモチベーショングループとして確信している、1つの結論である。

また、初回の研修であぶり出した「自己特性」の克服を、目標に盛り込むことをおすすめしたい。例えば、忙しくなると張り詰めたオーラを醸し出し、声をかけづらい雰囲気をつくってしまう人であれば、「チャーミングなコミュニケーションを目指す」など、自分のキャラクターとは異なる形容詞を盛り込んでみるのだ。「ビジネススキル＝役割演技力」である以上、自分の演じられる役割が限られている人はなかなか成長することができない。

そして、12月末の「なりたい自分」にたどり着くためには、「9月末にどのような状態になっているべきか?」「6月末にどのような状態になっているべきか?」というように目標をブレイクダウンしていく。そうすることで、自分の行動をよりリアルにイメージできるようになるだろう。

最後に、1日のアクションプランを決めていく。例えば「ミーティング後に、必ず3つのポイントにまとめる」「仕事の目的を上司と擦り合わせる時間を持つ」「ネガティブ感情とポジティブ感情を書き出して心の中を整理する」など、自分の課題を改善し、成長するための行動である。

アクションプランを設定する際のポイントは、「自己課題の是正につながること」「毎営業日にできること」「できたか、できなかったかが明確に分かること」の3点である。アクションプランを設定したら、毎日の日報で○×を付けていく。日報は、一緒に目標設定をしたチームメンバーに共有し、励まし合いながら運用していくのが望ましい。

それ以降は、毎月研修を実施して、自分の変化度合いを確認しつつ、新たな課題が見つかればアクションプランを設計し直し、高速でPDCAサイクルを回していく。以上が、同社が導入したDarwinプロジェクトの概要である。

全社員によるフルコミット

同社の特筆すべき点は、Darwinプロジェクトに対して「全社員が」「本気で」コミットしていたことである。

スタート時に実施した自己課題発見のための研修でも、社長をはじめとする多くの社員が節目節目で参加していた。受講者へのフィードバックタイムは、直属の上司も近くにいてその様子を見ていた。新入社員の成長に、全社員が本気なのだ。毎月実施するPDCA研修においても、本人と研修講師に加え、上司も参加して、みんなで真剣に、新入社員の成長ポイントやアクションプランを検討していた。さらには、みんなが新入社員の日々の日報に注目し、アドバイスや声援を送っていた。

新人育成に時間を割くことの大切さを語る経営者は少なくないが、有言実行できている会社は一握りである。筆者自身、数多くのクライアント企業において新入社員の育成プロジェクトに携わってきたが、同社ほど会社全体でフルコミットできている例を知らない。

成果

Ｄａｒｗｉｎプロジェクトを開始して5年が経過する。全社員が対象となる社内の最優秀社員賞において19名のノミネート中4名が新人から選ばれる時代もあった。そのうちの1名が実際に新入社員でありながら受賞している。これはこの会社においては過去にない快挙である。新人に対する３６０度評価の結果も、90％弱のメンバーがスコアアップしている。さらには、これまでの新入社員の中には、すでに子会社執行役員に登用されているメンバーもいる。Ｄａｒｗｉｎプロジェクトの習熟度も年々高まっている。今後は、さらに多くの「圧倒的成長を遂げた新入社員」が輩出されるだろう。そして何よりも、新人の成長スピードが圧倒的であるがゆえに既存社員の成長基準も高まっていったことは、副次的ではあるが、経営においては大きなプラス材料となった。

第4章

キャリア創りのマインドセット

キャリアの不確実性

前章では、いかにしてZ世代の組織人格を磨いていくかを解説してきたが、本章では、いかにして個人人格と組織人格をチューニングするかについて解説していきたい。

人が働くモチベーションは様々だが、会社の一員として働いていくためには、個人人格と組織人格を適切にチューニングしていかなければならない。人は環境や状況によってモチベーションが変わっていく。働く動機ややりたいことも変わってくる。また組織人格において求められる役割も事業内容の変化や職務の変化等によって変わってくる。だからこそ状況に応じて個人人格と組織人格をチューニングする力が求められるようになる。

夢は変わる「配属ガチャの悲劇」

「配属ガチャ」という言葉については既に触れたが、昨今は、「配属ガチャに外れた」という一因だけで、たやすく離職するZ世代のニュースが増えてきている。

「希望する部署に配属されなかった」→「この部署では自分のやりたいことはできない」→

「この会社で働く意味はない」→「やりたいことができる会社に行こう」という判断だ。

ある意味では、自分のやりたいことに忠実であり、潔い判断に見えるかもしれない。しかし、見方を変えれば、「自分のやりたいことは永遠に変わらないという幻想」に基づいた悲しい判断であると見ることもできる。変わりゆく自分の願望に自分自身も気付くことができていないのだ。

保育園の頃は「バスの運転手さん」になりたかった。小学校の卒業アルバムの将来の夢には「プロ野球選手」と書いた。高校に入ると、「学校の先生」に憧れるようになった。大学時代、ゼミで学ぶ中で「研究者」として専門分野を追究したいと思うようになった。

このように、私たちのやりたいことは変わるものである。もちろん、子どもの頃の夢をずっと持ち続け、それを叶える人もいる。しかし、不変の夢を実現する人はごくわずかであり、ほとんどの人はやりたいことが変わっていく。意志が強い・弱いという話ではなく、やりたいことが変わるのは自然なことだ。

入社時に、「○○部で○○の仕事をしたい」と思っていても、その希望を一貫して持ち続ける人は意外と少ない。今、「データサイエンティストになりたい」と言っている人も、1年後には「営業の仕事がしたい」と言っているかもしれない。このように、私たちのやりたいこと（願望）や目指す姿（キャリアゴール）は、その時に身近にあるヒーロー像やヒロイン像など、取り巻く環境に影響を受けて変遷していくものである。

また、「できることが増えること」によってもやりたいこと（願望）は変わっていく。例えば、3歳児に「今日はどこに行きたい？」と聞くと、「近所の公園」と言う子は多いだろう。しかし、自転車に乗れるようになると、「隣町にある大きな公園に行きたい」と言うようになる。15年後、バイクの免許を取ったら、「北海道にツーリングに行く」計画を立てることもあるだろう。自転車に乗るスキルを習得する、バイクに乗る免許を取得するというように、できることが増えることで、行きたい場所もやりたいことも変わってくるはずだ。

「できることによってやりたいことは変わってくる」という前提に立つと、配属ガチャに外れたから離職するという判断は、もしかしたら配属された役割をやりきったら身に付けられたであろうスキルは得られず、そのスキルによって見いだせる新たな欲求にも気付くことはない。残念ながら自分の可能性を狭めている可能性もある。Z世代をマネジメントする人は、個人人格と組織人格のチューニング力を高めるためにも、「今やりたいことがすべてではない」ということを、体験談などを交えて伝えていく必要がある。

キャリアは偶発性の中にある

図表4-1 「計画的偶発性理論」

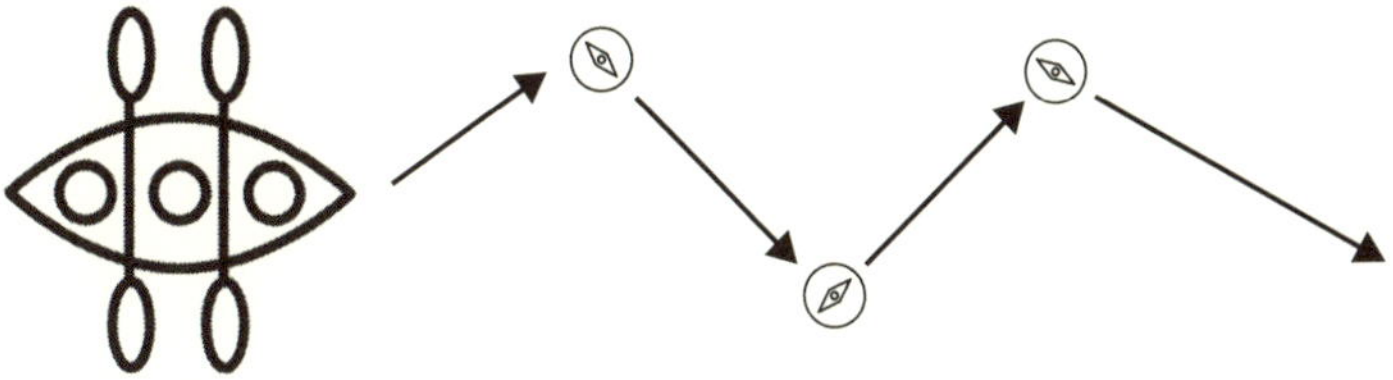

「個人のキャリアの8割は予想しない偶発的なことによって決定される」「そのを計画的に設計することで、より良いキャリアを築偶然いていこう」という考え方

出所：ジョン・D・クランボルツ教授らの「計画的偶発性理論」をもとに筆者作成

高校に入ったら野球部に入ろうと思っていたが、たまたま入学した年に廃部になってしまった。何となく勧誘されたラグビー部に入ったら、ラグビーの魅力にどっぷりハマり、花園を目指すようになった。筆者の知人の話である。

これは、偶然の要素によって、やりたいことが変わった例だ。キャリアにおいてもこれと同じことが起きることは、「計画的偶発性理論」によって示されている（図表4-1）。スタンフォード大学の教育心理学者でキャリア論の専門家であるジョン・D・クランボルツ教授らが提唱した計画的偶発性理論は、「個人のキャリアの8割は予想しない偶発的なことによって決定される」「その偶然を計画的に設計することで、より良いキャリアを築いていこう」という考え方だ。

よくあるキャリア創りの考え方や方法論には、自分の内なる声を聞いて軸をつくり、その軸をもとに目標を定め、目標実現に向けてやるべきことを設計していくという方法がある。この方法論が機能しやすい状況は、ビジネス環境の変化が緩やかであり、5年後、10年後の状況を予想しやすい場合である。自分の適性や能力、願望などを分析すれば、目指すべきキャリアゴールを描くことができたし、ゴールに到達するための道筋も、比較的簡単に導き出すことができた。

しかし、今はＶＵＣＡ（ブーカ）の時代と言われるように、環境変化が激しく、複雑かつ曖昧で、将来の予測が困難な時代だ。このような時代を生きるＺ世代にとって、キャリアプランを緻密に設計して、計画どおりにキャリアを積み重ねていこうと考えるのは少々困難だ。これまで、就職活動のノウハウ本では、「将来、どのようなキャリアを築いていきたいかを明確にしなさい」と口酸っぱく言われてきたが、今の時代はそれがリスクになり得るのだ。今、理想のキャリアを明確にしても、それが5年後も、10年後も変わらず理想のキャリアであり続けるとも限らない。逆に、理想のキャリアに固執し過ぎると、環境変化によって予期せず目の前に訪れたチャンスを逃してしまう可能性もある。

紛争などの世界情勢の変化や、災害、ＩＴの進化など、社会の変化によって、私たちのキャリアは影響を受ける。また、結婚や出産、けがや病気、友人関係の変化など、自分自身の変化によっても私たちのキャリアは影響を受ける。Z世代にはまず、このような「キャリアの不確実性」を認識してもらう必要がある。つまり、「この先、自分のキャリアに何が起こるか分からない」という認識だ。そのうえで、絶対的な正解はないと捉えてキャリアに向き合う寛容さを持ってもらうことが大切である。

キャリアに向き合うポイントは3つある。1つ目は、漠然とした願望を持つことだ。あまりにも明確すぎるキャリア願望はそれに固執してしまうリスクもあるが、「エンジニアとしてどの組織からも重宝がられる人材になる」などの漠然とした願望であれば、予期せぬ変化にも柔軟に対応できる。2つ目は、あらゆる出来事に関心を持つことだ。常にアンテナを張っていれば、偶然の機会を見逃しにくくなる。「今はAI（人工知能）の時代だ」となれば、AIに対して興味・関心を持ち、実際に触ってみることで新たに発見する自分自身の願望もあるかもしれない。3つ目は、実際に行動することだ。「AIを使って新たな業務改善方法を提案する」などの行動を起こすことで、上司の目にとまり、今とは異なる役割を自分自身の手で引き寄せることができる。

「やりたいことは変わるものであり、キャリアは偶然の要素によって左右されるものである」——。これが、Z世代に求められるマインドセットの1つである。むしろ「理想よりも現実」

というマインドを持っているZ世代には伝わりやすいかもしれない。だからこそ「いろいろなことに興味・関心を持ち、実際に行動することでキャリアは広がっていく」ことも併せてZ世代を受け入れるリーダー、マネジャーは伝えることを意識してほしい。Z世代が個人人格と組織人格をチューニングする際の一助になるであろう。

キャリア創りの罠「SNS世代の行動」

「漠然とした願望を持つことが大切である」と伝えたが、その漠然とした願望を描こうとする際に、「何が正しい願望なのか?」と正解を探そうとする人もいる。それを見つけることは難しい。このようなキャリアの正解探しに迷っているZ世代も多いであろう。この場合は「青い鳥症候群」、もしくは「風見鶏症候群」という罠に陥っている可能性がある。

青い鳥症候群

青い鳥症候群とは、自分の中に正解があると思い込む人たちのことを言う。現実の自分や、取り巻く環境などを受け入れられず、自分の中にある理想の正解を追い求め続ける人たちだ。メーテルリンクの童話『青い鳥』で、主人公のチルチルとミチルが幸せの象徴である青い鳥を探しに行くことにちなんで名付けられた。

自分探しの旅に出たまま、帰ってこられなくなってしまった人は、青い鳥症候群の分かりやすい例だと言えるだろう。青い鳥症候群の人たちは常に「もっと」を求めている。そのため、今の会社に満足できず、「自分にはもっと合う会社があるはずだ」と転職を繰り返したり、今の恋人に満足できず、「自分にはもっといい人がいるはずだ」と新しい恋人を求めたりしている。

青い鳥の物語の最後は、昔から飼っていたキジバトが青い鳥に変わったところで終わる。身近なところに実は幸せは存在するという物語だ。漠然とした願望も遠いところに探しに行こうとするよりも、自分自身の現実を直視することで見つけられることもある。

青い鳥症候群の原因としてよく言われるものに、自己肯定感の低さがある。今の自分に満足できないからすぐに青い鳥を探しに行ってしまう。「賞賛よりも『承認』」を求めるZ世代においては、自己肯定感は低くなる傾向にあるのかもしれない。当たり前のようにSNSを使いこなしてはいるが、その中では、「自分より良いキャリアを歩んで、仕事が充実している人」「自分よりスキルが高く、仕事で活躍している人」「自分より成功を収め、華やかな暮らしをしている人」に出会うことも多い（実際に、充実しているか、活躍しているか、成功しているかは分からないが、少なくともＳＮＳ上ではそう見える）。

そんな人たちと自分を比較し、劣等感や焦燥感に苛《さいな》まれるＺ世代も多いことだろう。Ｚ世代は、ＳＮＳにおいて他者と自分を比較する機会が多いため、自己肯定感が下がりやすい。それゆえ、今に満足できず、「もっと」を求めるのだ。

風見鶏症候群

風見鶏症候群は、社会の中に正解があると思い込む人たちのことを言う。自分の軸や考えを持たず、周囲の状況を眺めて絶対解があると思い込み、自分の外にある正解に振り回され続ける人たちだ。

青い鳥症候群の人たちは自分の中に正解があるはずだと自分探しの旅に出るが、こちらは自分の外に正解があるため、社会環境によって影響をすぐに受ける。筆者がつくった造語であるが、風が吹くたびに向きを変える風見鶏の動きに似ていることから、風見鶏症候群と呼ぶことにする。

世の中が「Ａが大事」と言えばＡの方向に進み、「Ｂが重要」と言えばＢの方向に進む。

図表4-2 「青い鳥症候群」と「風見鶏症候群」

青い鳥症候群

現実の自分や、取り巻く環境などを受け入れられず、自分の中にある理想の正解を追い求め続ける人たちのこと
(脱却のポイントは「自分の考えを社会(他者)の軸で確認する」)

風見鶏症候群

自分の軸や考えを持たず、周囲の状況を眺めて絶対解があると思い込み、自分の外にある正解に振り回され続ける人たちのこと
(脱却のポイントは「社会(他者)の考えを自分の軸で見定める」)

出所:筆者作成

就活マーケットでは、よく「これから伸びるのは〇〇業界」「〇〇業界は衰退の危機」といったフレーズを耳にするが、このようなフレーズにいちいち反応して、動いてしまう人は、風見鶏症候群の分かりやすい例だと言えるだろう。

Z世代は子どもの頃から「口コミ」情報にあふれている。「多くの人たちは何を好んでいるのか?」「どの店に行くことが(外れの少ない)正解なのか?」を見つけることができる。つまり社会の風を感じ取りやすい状況にあると言えるだろう。これが行き過ぎると自分の五感で感じることよりも、社会の風を「正解」と置いたほうが間違いないこととなり、社会の風に振り回されるようになる。結果としてキャリアの正解探しに迷い込むことになる。

変化が激しく、すぐに風向きが変わる時代だからこそ人は不安になる。そして、自分の軸がない人は風見鶏症候群に陥りやすい。

正解は「自分」と「社会」の間にある

自分の中に正解があると思い込む「青い鳥症候群」と、社会の中に正解があると思い込む「風見鶏症候群」。Z世代の部下が「青い鳥症候群」または「風見鶏症候群」に陥っているのであれば、まずは「そこに正解はない」ということを認識させなければいけない。

どちらの症候群も、一度陥るとなかなか抜け出せない。もし、青い鳥症候群や風見鶏症候群に陥っているのであれば、そこからの脱却を支援する必要がある。

青い鳥症候群から脱却するポイントとしては、まずは今の自分で肯定できる部分を見つけてもらうことである。簡単に今の自分を否定するのではなく、これまで培ってきた経験やできるようになってきたことを承認し、そこを軸に自分を取り巻く環境との間でどのような価値が発揮できるのか。そして、その価値の発揮から自分はどのような喜びを得られるのかを考えてもらうことが大切だ。

結果として、現実に立脚した「漠然とした願望」を見つけることもできるであろう。最初は、なかなか自分を認めることができないかもしれない。だからこそマネジャーから、そのメンバーが持っている特性を承認し、活かし方を考えてあげることが大切である。

風見鶏症候群から脱却するポイントとしては、まずは自分自身の五感で感じる世界を肯定することだ。誰がどのように言おうとも、自分にとっての真善美や快不快があるはずである。その自分自身の感覚を軸に、取り巻く環境を切り分ける作業が大切である。仕事をするうえで喜びと感じる部分は何なのか。人と関わるうえでどのようなことができたら自分の喜びと感じることができるのかを考えてもらうことが大切だ。

結果として自分の感性に立脚した「漠然とした願望」を見つけることもできるであろう。マネジャーはメンバーへの問いを通して、気付きを促してあげてもらいたい。

いずれにせよ、「漠然とした願望」の正解というのは、自分の中にも社会の中にもない。正解は、自分と社会の間に存在しているのだ。自分の感情と社会の状況を同時に意識しながら行動していく中で、個人人格を自覚できるようになっていくのである。そして、その「漠然とした願望」を軸に自分なりのキャリアをつくっていくことができる。

正解創りと決断「選択肢が無限にある世界」

「漠然とした願望」があったとしても、それだけではキャリアを正解にすることは難しい。実際に行動していかなければ変わらない。そのためには自分を取り巻く環境から何を行動するのかを選び取っていかなければならない。ここでも多くの人は悩むことになる。なぜならば人生は選択の連続であり、後戻りすることはできない。それが分かっているから、人は取り得る選択肢を増やし、その中から最も自分に合った選択肢を探そうと悩んでしまうのだ。だが、選択肢を増やすことで、必ずしも満足度が高まるとは限らない。このことを示唆する有名な実験が、シーナ・アイエンガー教授による「ジャムの実験」だ。

コロンビア大学ビジネススクールで教鞭を執る心理学者のシーナ・アイエンガー教授は、選択肢の多さが人々の決定に与える影響を調査するため、ジャムを使った実験を行った。著書『選択の科学』(文藝春秋、2010年)で紹介されている実験の概要は図表4－3のとおりである。

スーパーマーケットにジャムの試食コーナーを2カ所設置し、1カ所は6種類のジャムを、もう1カ所には24種類のジャムを用意して、試食会を開催する。そして試食をしてくれた人

図表4-3 シーナ・アイエンガー教授による「ジャムの実験」

【概要】

- スーパーマーケットに、ジャムの試食コーナーを2カ所設置した。
- 1カ所には6種類のジャムを、もう1カ所には24種類のジャムを用意し、試食会を開催した。
- 試食をしてくれた人に、1週間有効の割引クーポンを渡した。
- 来店者数に対して、ジャムを試食した人の割合(試食率)を測定した。
- 割引クーポンを渡した人に対して、クーポンを使ってジャムを購入した人の割合(購入率)を測定した。

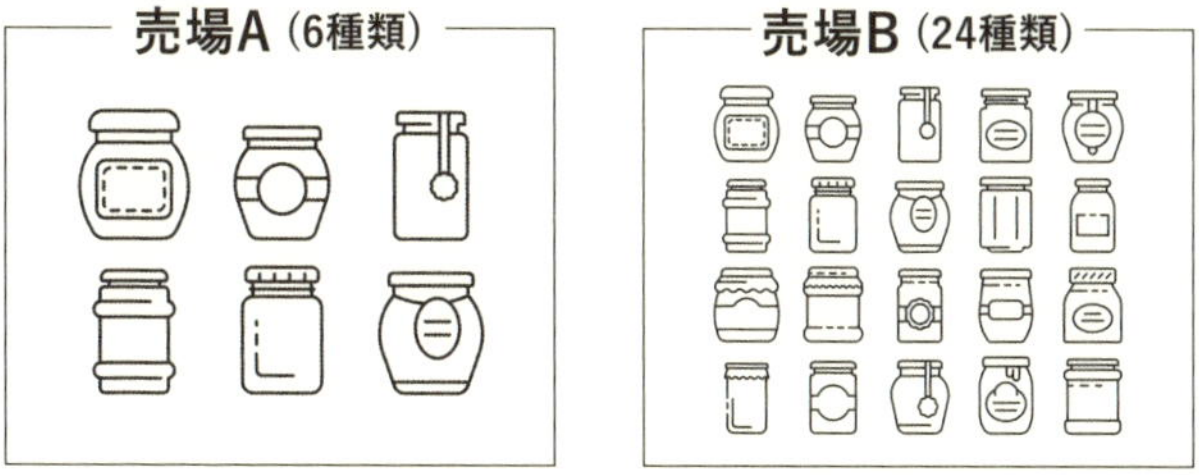

【結果】

6種類のジャムを用意したコーナーのほうが、24種類のジャムを用意したコーナーより、試食率は低かったものの、ジャムの購入率は約6倍高かった。

	6種類	24種類
試食率	40%	60%
購入率	12%	1.8%

約6倍

【考察】

- 選択肢が少ないほうが、試食における満足度が高く、実際に購入したいと思う人の割合が高いことが分かった。
- 逆に、選択肢が多すぎると、人はかえって選択できなくなり、意思決定を先延ばしにしたり、購入を断念したりする可能性が高いことが示唆された。

出所:『選択の科学』(シーナ・アイエンガー著) の内容をもとに筆者作成

に1週間有効の割引クーポンを渡し、試食してくれた人の割合と、クーポンを利用してくれた人の割合を測定した。結果は図表4－3のとおりである。

6種類のジャムを用意したコーナーのほうが、ジャムの購入率は約6倍高かったのだ。この実験結果からは、選択肢が少ないほうが、試食における満足度が高く、実際に購入したいと思う人の割合が高いことが分かった。逆に、選択肢が多すぎると、人はかえって選択できなくなり、意思決定を先延ばしにしたり、購入を断念したりする可能性が高いことが示唆された。この実験結果は、「ジャムの法則」とも呼ばれている。

「選択肢が多いこと」は幸せなのか?

ジャムの法則は、マーケティングの世界で広く活用されているが、キャリアの選択肢においても同じことが言えるのではなかろうか。

日本における、就職の歴史を少し遡《さかのぼ》ってみたい。高度経済成長期は「集団就職」が盛んだった。集団就職は主に、農村部から都市部への大規模な就職運動であり、就職斡旋業者の仲介のもと、中学・高校を卒業した若者は大都市の企業に一斉に就職していた。また、家業を継ぐ若者も多かった。この時代は、キャリアの選択肢が大きく限られていた時代である。

時を経て、バブル期になると、大学のゼミの先輩やサークルの先輩の紹介で就職したり、あるいはリクルーターによるアプローチで就職したりする形が一般的になっていく。この時代も、キャリアの選択肢は限定されていたと言える。

さらに時を経ると、新卒向け就職情報誌が登場する。この時、ようやく複数の選択肢の中から就職先、キャリアを選べるようになったと言える。

そして、インターネットの時代を迎え、選択肢は膨大に増えた。様々な企業にアクセスできるという意味では、前時代に比べ、何千倍というレベルである。「キャリアの選択肢はたくさんあったほうが絶対良いよね」という考えのもと、選択肢を増やす方向に突き進んできて現在に至るわけだが、「果たして、時代とともに働く人は幸せになっているのか？」という疑問がある。逆に、「集団就職の時代の働き手は不幸だったのか？」という疑問もわいてくる。

アイエンガー教授の「ジャムの法則」から考えると、キャリアの選択肢が多い今、働く人は必ずしも幸せではないとも考えられる。逆に、幸福感や満足度は下がっているかもしれない。無限にある選択肢の中から、ベストなキャリアを選ばなければならない状況は、想像しただけでもストレスフルだ。選択した結果に対する満足感より、「C業界を選んだほうがよかったのではないか……」「D社に入っていたら、今頃どうだっただろう……」「自分の選択は失敗だったかもしれない……」というように、後悔の念を抱く人のほうが多いのではないだろうか。悩みは深くなる一方である。

「選択」と「決断」との違い

選択肢が無限にある時代を生きるZ世代に求めたい考えは、正解は「探す」ものではなく、正解は「創る」ものであるということである。「正解探し」と「正解創り」の違いは、「選択」と「決断」の違いだと言える。

食後のデザートの選択肢として、リンゴ、ミカン、バナナの3つがあるとする（図表4-4）。「選択」とは毎食後にデザートを選べる状況である。「今日はリンゴを食べて、明日はミカンを食べよう」と自分のその時の感情によって選べる状況である。もし「この先一生、3つのうちの1種類しか食べられない」という状況だとしたら、あなたは何を選ぶだろうか？　真剣に悩むことになるであろう。それこそが「決断」なのである。

そして決断には、「弱い決断」と「強い決断」がある。弱い決断とは、他の選択肢が断ち切れずに未練が残っている状態である。弱い決断の場合、時間が経ってくると、「今日もリンゴかぁ。毎日リンゴだと飽きるな……」「なんであの時、リンゴを選んでしまったのだろう……」と、自分の決断を悔やみ、落ち込みながら生きていくことになる。

図表4-4　「選択」と「決断」の違い

食後のデザートの選択肢として、リンゴ、ミカン、バナナの3つがある。
この先、生涯、3つのうちの1種類しか食べられないとしたら……

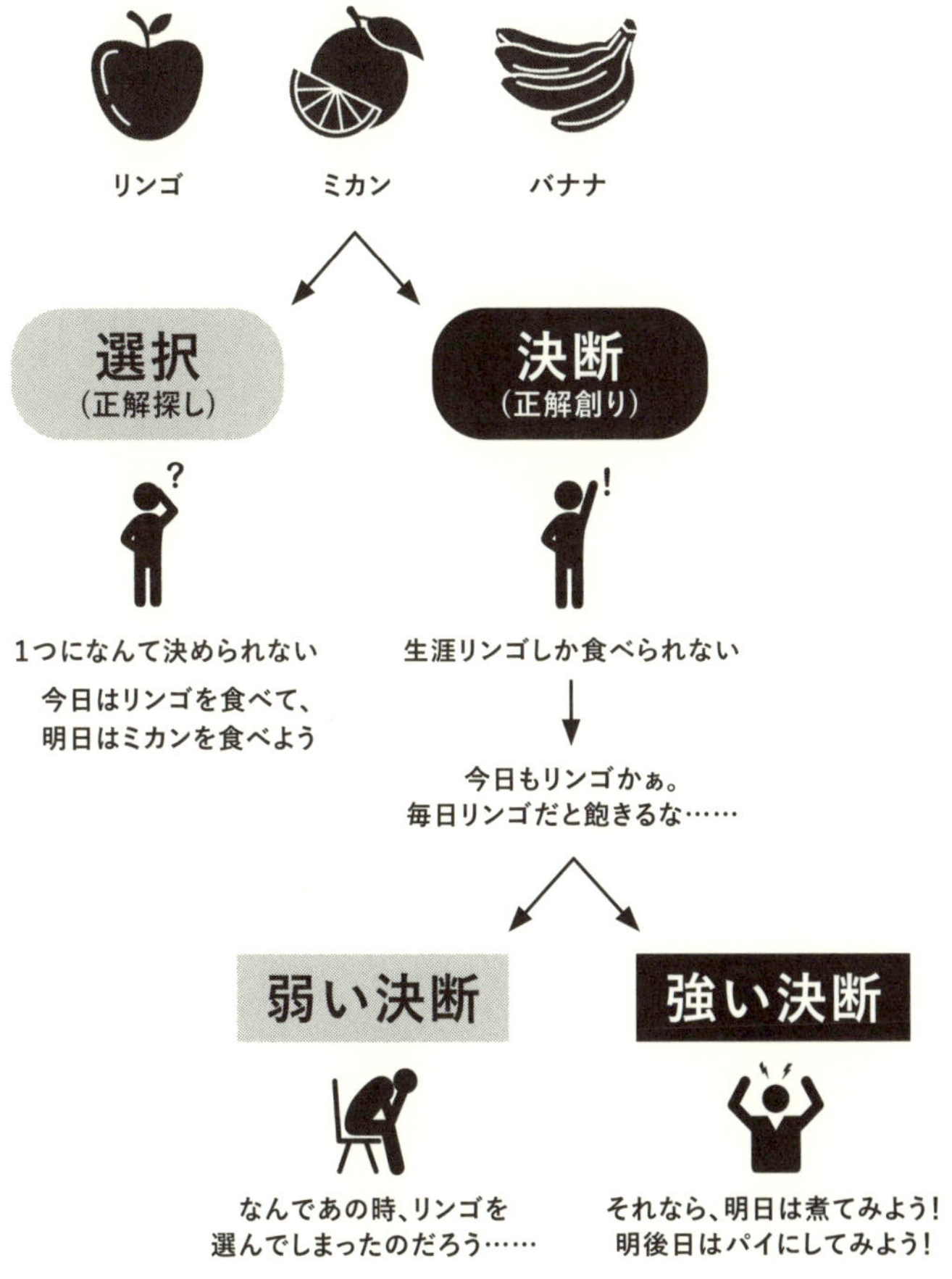

出所：筆者作成

一方、強い決断とは、他の選択肢を断ち切っている状態である。「今日もリンゴかぁ。毎日リンゴだと飽きるな……」と、ここまでの感情は同じである。違うのは次の考えであり、「それなら、明日は煮てみよう！　明後日はパイにしてみよう！」と考えるのが、強い決断をした人の特徴だ。強い決断をすると、ミカンやバナナはこの世の中に存在しないことが前提だ。そうなると、「いかに飽きずに、毎日リンゴを美味しく食べるのか？」ということにフォーカスできる。だから、アイデアを絞り出したり、新しいことにチャレンジしたりと、プラスの循環が生まれやすい。人は他の選択肢があったという事実を認識することで未練を感じるのだ。

キャリアの話に戻そう。ひと昔前、家業を継ぐという選択肢しかなかった人は、他に選択肢がないのだから、「あの時、ああしたほうがよかったのかな……」などと未練を残すこともない。ある意味で、腹をくくっているため、「この家業で自分は何ができるだろうか？」「自分はこういうやり方で家業を発展させるぞ！」と考えた人も多かったのではないだろうか。

一方で今は、選択肢が無限にある。だからこそ、自ら「強い決断」を下せるかどうかが重要になってくる。「決断」とは、文字どおり「決めて」「断つ」ことだ。決断には勇気が必要だが、断ち切って未来を見なければいけない。無限にある選択肢を前に「決断」することで、力強く、前向きに行動できるようになるはずだ。

「正解探し」ではなく「正解創り」をするために

繰り返しになるが、選択肢が無限にある時代だからこそ、正解探しよりも、正解創りをする力が求められる。

正解探しをしている人は、より多くの選択肢と選択基準を並べて選ぶことが、幸せにつながると考えている。しかし、それは簡単ではない。限定された選択肢しかなかった時代の方がむしろ、自分に最適な会社を選ぶことならできたかもしれない。これだけ選択肢が増えた今、正解と言えるようなキャリアや会社を選ぶのは不可能である。正解探しをしていたら、ストレスを抱え、すり減って、不幸になるだけである。

一方、正解創りをしている人は、選択の過程より自分の選択に覚悟を持ち決断することが、幸せにつながると考えている。20社並べてみても、30社並べてみても、どこに入るのが正解なのか現時点では分からない。そのため、決めて選んだ道を正解にしていこうという考え方だ。

正解探しは「どこに答えがあるんだろう?」と、どんどん選択肢を広げていく。それゆえ、もっと良い選択肢がある（あったはず）という思いが迷いを生み、行動するエネルギーが阻害されてしまう。これに対し、正解創りは自分の判断軸で、思い切って選択肢を絞っていく。

他の選択肢を断ち切っていく。それゆえ迷いが消え去り、行動するエネルギーが湧いてくる。他の迷いを断ち切り何かに集中して取り組むことで成果が上がり、結果として自分のスキルも高まり、もっと良い選択肢が増えていく。このサイクルをメンバーに提供してあげることで、個人人格としての広がりも実感できるようになるであろう。

一生とは言わないが、人生の一定期間において、目の前の役割を受け入れて「決断することで、自分の選んだ道を正解に近づけていく」という経験も必要であろう。これが、選択肢の多いZ世代に求められるマインドセットの1つである。これからZ世代を受け入れるリーダー、マネジャーは、ぜひこのマインドセットを持たせることを意識してほしい。

自由と信頼

働く個人としては自分のスキルが高まり、もっと良い選択肢を手に入れた時に、キャリアの自由度を感じることができるようになるであろう。ここでキャリアの自由について解説していきたい。

実際に面接などで、「自由に働きたい」「自由な社風に惹かれて」と言う応募者は少なくない。しかし、自由の捉え方がズレている人が多い。自由には、「からの自由」と「する自由」があるが、この2つを混同しているのだ。

「からの自由」と「する自由」

「からの自由」とは、上司の指示や会社の規則、顧客の要請からの自由である。このような束縛から逃れることで解放感を味わう自由だと言える。一方、「する自由」とは、会いたい人に会う自由や、やりたい仕事をやる自由である。つまり、権利を手に入れて欲求を実現する自由だと言える。

特に、若手時代はどちらかというと「からの自由」を求める傾向にある。だが、「からの自由」ばかりを求めていると、いつまで経っても「する自由」を得ることはできない。なぜなら、束縛から逃れることばかりを考えている人は、決断して行動し、成果を上げてスキルを高める経験を積むことができない。結果として周囲からの信頼を得られないであろう。周囲の信頼がなければ、「する自由」など与えられるはずもない。

「する自由」を確保するためには、周囲からの信頼を得ていくことが大切である。周囲と「信頼」の関係性でつながることができれば、周囲は自分のやりたいことをサポートしてくれる存在になる。しかし、周囲と「不信」の関係性でつながることになると、周囲は自分のやりたいことの足かせになってしまう。結果として「からの」自由も「する」自由も得られない。

信頼の創り方

では、どうすれば信頼を築くことができるのだろうか？　それは約束（やるべきこと）と実行（やりきること）を繰り返していくことに尽きる。仕事上求められていることは約束（やるべきこと）である。それを実行すること（やりきること）で周囲から「この人には任せても大丈夫だ」という信頼を得ることができる。

どんな小さな約束でも、一つひとつを確実にやりきることで、その積み重ねが信頼形成につながっていく。そうなると、一定のルールや規則に則って活動しつつも、自分なりにやりたいことを実現できるようになる。やがて仕事の難度が上がってくるが、それに対応するためには実行力を高めなければならない。スキルを高めることも怠ってはならないし、前述のように決断して仕事に向き合うことも求められるであろう。それらを繰り返して信頼を積み重ねることができれば、信頼を棄損しない範囲で、自由に行動できるようになる。「する自由」がどんどん広がっていくイメージだ。

逆に、約束と実行ができない人は、周囲の信頼を獲得できない。いつまで経ってもルールや指示に従わざるを得ず、自分のやりたいことを思うようにできないままだ。

キャリア創りのグッドサイクル

キャリア創りはビジネス活動を引退するまで続くプロセスである（図表4-5）。Z世代の部下のキャリアを支援するためには、「する自由」を確保させることでキャリアが広がることを伝えていきたい。若手のうちから、以下のサイクルを習慣化することで、キャリアの可能性は大きく変わってくるだろう。

①選択肢の確保

今の自分が持っているスキルやネットワークなどのキャリア資産をもとに、自分で選び取れる選択肢を確保していく。

図表 4-5　キャリア創りのグッドサイクル

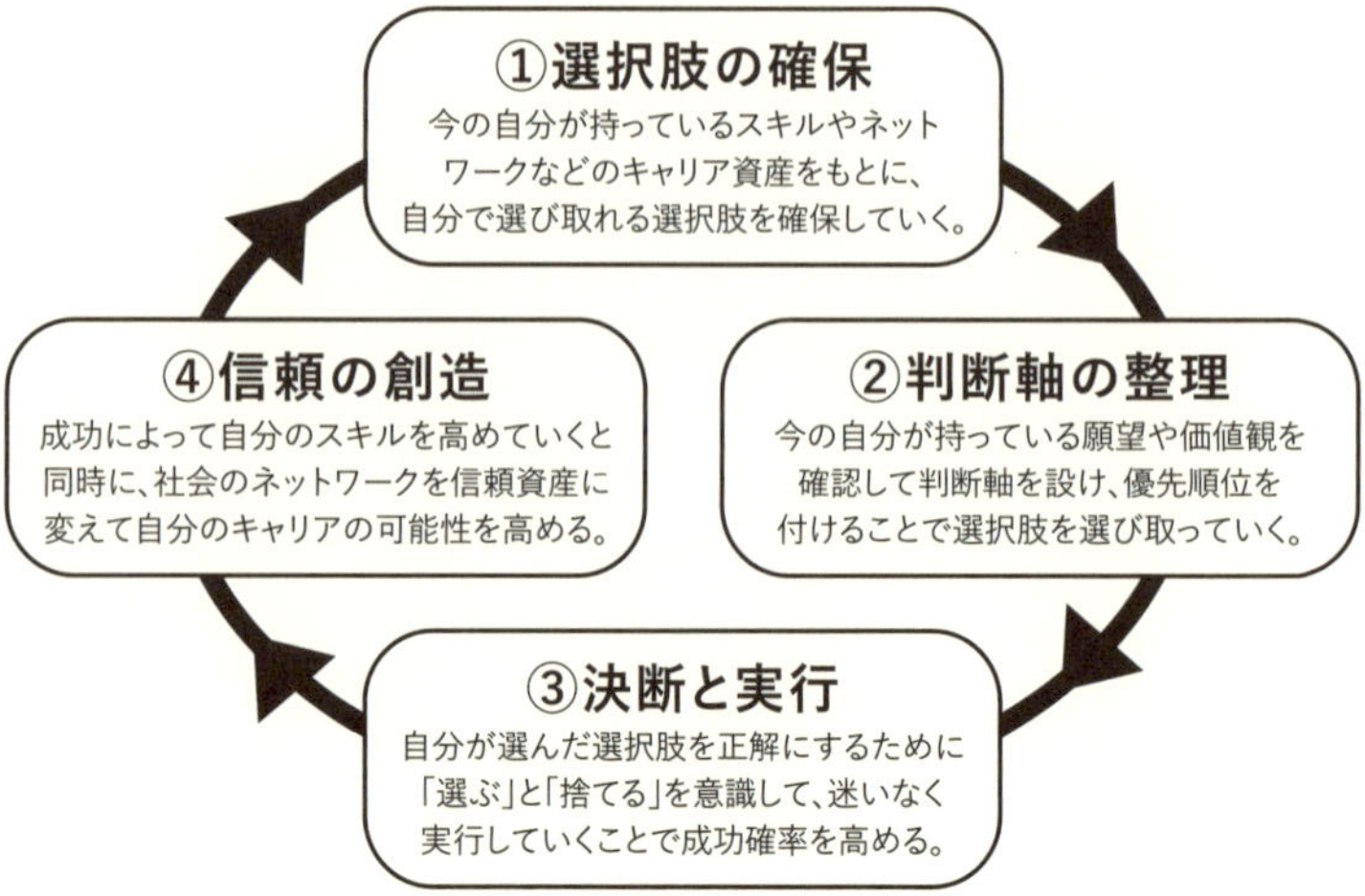
①選択肢の確保
今の自分が持っているスキルやネットワークなどのキャリア資産をもとに、自分で選び取れる選択肢を確保していく。
②判断軸の整理
今の自分が持っている願望や価値観を確認して判断軸を設け、優先順位を付けることで選択肢を選び取っていく。
③決断と実行
自分が選んだ選択肢を正解にするために「選ぶ」と「捨てる」を意識して、迷いなく実行していくことで成功確率を高める。
④信頼の創造
成功によって自分のスキルを高めていくと同時に、社会のネットワークを信頼資産に変えて自分のキャリアの可能性を高める。

出所：筆者作成

②判断軸の整理
　今の自分が持っている願望や価値観を確認して判断軸を設け、優先順位を付けることで選択肢を選び取っていく。

③決断と実行
　自分が選んだ選択肢を正解にするために「選ぶ」と「捨てる」を意識して、迷いなく実行していくことで成功確率を高める。

④信頼の創造
　成功によって自分のスキルを高めていくと同時に、社会ネットワークを信頼資産に変えて自分のキャリアの可能性を高める。

第5章

オンボーディングのゴールセット

厚生労働省が発表した「新規学卒就職者の離職状況（令和2年3月卒業者）を公表します」によると、大卒新入社員の入社3年以内の離職率は32・3％となっている。

※参考：新規学卒就職者の離職状況（令和2年3月卒業者）を公表します――厚生労働省
https://www.mhlw.go.jp/stf/houdou/0000177553_00006.html

新卒社員の3人に1人が、3年以内に辞めているという計算だ。離職理由は様々だが、「そもそも、1社で長く働くつもりがない」という価値観を持つ若手社員が増えている。

マイナビのキャリアトレンド研究所が2022年8月に発表したレポート「マイナビ転職『新入社員の意識調査（2022年）』を発表」によると、同年4月の新卒入社正社員のうち、3割近くが「3年以内に退職予定」と答えている。「3年以内」「4～5年くらい」「6～10年くらい」という回答を合計すると、10年以内に退職予定の人は半数を上回る。なお、「定年まで」と答えた人は18・5％だった。

※参考：マイナビ転職、「新入社員の意識調査（2022年）」を発表――マイナビ
https://www.mynavi.jp/news/2022/08/post_34624.html

実際に、近年の就活では「私のファーストキャリアは……」というように、将来的な転職を前提に話をする人も少なくない。仕事を変えていくことを前提に自分のキャリアを考えているのは、Z世代の特徴だと言えよう。入社してからも「このまま、この会社で働いていて

大丈夫だろうか？」と会社を見定め、「辞めどき」を見計らっている若手社員もいるだろう。

第1章でも述べたとおり、若手社員の離職率が高い水準で推移しているのは、転職市場のIT化などによって転職活動が効率化されたことも大きいだろう。こうした変化自体はネガティブなことではない。マクロな視点で見れば、産業の盛衰に合わせて人材が柔軟に流動する環境になっていると言えるし、ミクロな視点で見ても、個人人格としての欲求を充足しやすい環境になりつつあると言える。

ただ、本書は、Z世代の離職防止を主眼としたマネジメント論である。企業目線で見ると、苦労して採用し、手をかけて育成し、「さあ、これからだ」という時に新入社員が去っていくのは痛恨の極みである。

早期離職の弊害

若手社員の早期離職は、企業にマイナスの影響を及ぼす。程度の差こそあれ、次のような悪影響は避けられないだろう。

①コスト的影響

一人の新入社員に費やすコストを、その活動によってもたらされる収益が上回るのは、仕組み化されたビジネスでは1年程度、属人性の高いビジネスでは3年を超えると言われている。いずれにしても、早期に離職されてしまうとコストが無駄になる可能性が高い。

②職場オペレーション的影響

退職者が出れば、その職務を担っていた人の「穴」を誰かがカバーしなければいけない。ひと昔前であれば、他のメンバーが残業をしたり、休日出勤をしたりしてカバーする会社も多かった。だが、ホワイト化が進む今、単純に業務時間を増やしてカバーするのは難しい状況だ。スムーズに欠員が補充できるとは限らないし、できたとしても、その人材が退職者と同等のパフォーマンスを発揮できるとは限らない。

③採用ブランド的影響

近年、人的資本開示の流れが加速しており、企業には、社員の離職率や定着率などの開示が求められるようになった。目当ての企業の離職率が高かったら、学生はどう感じるだろうか。「仕事がきついのかな」「環境が悪いのかな」「人間関係が良くないのかな」など、マイナスイメージを持たれても不思議ではない。ＳＮＳや社員口コミサイトで、「早期に」「一定数以上の若手社員が」「ネガティブな理由で」退職しているという情報が出回れば、その企業の採用ブランドは大きく低下し、応募者獲得に苦戦を強いられるのは必至である。

④人材バランス的影響

今、日本は少子高齢化による人口減少が進んでおり、国力の低下が懸念されているが、企業においても同様のことが起こり得る。若手社員の早期離職が想定以上に増えると社員の高齢化が進み、企業の年齢構成比がアンバランスになる。若手社員が減ってくると、企業全体の活力が失われ、変化に対応できなくなっていく。

⑤企業カルチャー的影響

子どもの頃、私たちは兄や姉、学校の先輩など身近な人の言動から、そのコミュニティにおける正しい在り方や作法などを学んでいく。企業においても同様で、新入社員は身近な先輩から企業文化や行動指針を体得していくものだ。しかし、若手社員が早期離職を繰り返している企業ではそれができないため、独自の文化やアイデンティティが継承されず、その企業「らしさ」が失われていく。

図表5-1 早期離職の弊害

①コスト的影響
早期に離職されてしまうとコストが無駄になる

②職場オペレーション的影響
職務を担っていた人の「穴」を誰かがカバーしなければいけない

③採用ブランド的影響
学生からマイナスイメージを持たれるリスクがある

④人材バランス的影響
社員の高齢化が進み、企業の年齢構成比がアンバランスになる

⑤企業カルチャー的影響
独自の文化やアイデンティティが継承されなくなる

⑥既存社員のモチベーション的影響
業務のしわ寄せを受けた既存社員のモチベーションが下がる

出所：筆者作成

⑥既存社員のモチベーション的影響

退職者が出ると、業務のしわ寄せを受けた既存社員のモチベーションが下がることが少なくない。また、退職者が出たことがきっかけとなり、以前から抱えていた不安や不満が噴出する人もいる。「彼・彼女も将来が不安になったんだな」「自分も転職したほうがよさそうだ」などと考える人が増えると、ドミノ倒しのように離職が連鎖する可能性がある。

「We感覚」を持つ若手社員は辞めない!?

昨今、多くの企業で「オンボーディング」という言葉が飛び交っており、オンボーディングについて議論が交わされることが増えている。

オンボーディングとは、新入社員が会社の業務や風土に慣れるまでサポートする活動の総称である。一般的には、新入社員が会社のルールや業務の手順に慣れるようサポートすることで、早期の「戦力化」を図ることを目的としている。

オンボーディングは「一体化」をゴールにすべき

Z世代の特性・傾向を考えても、こうした取り組みは重要である。しかし、若手社員の離職防止を目指すのであれば、オンボーディングのゴールを「戦力化」ではなく「一体化」に置くべきである。

前述のとおり、入社して日が浅い新卒社員は、「この会社にいて、自分のキャリアは大丈夫だろうか?」などと個人人格の領域で疑念を抱きながら働いている人もいる。いわば会社を「品定め」している状態だと言えるが、この状態でいる限り、ちょっとしたきっかけで離職に至る可能性がある。

だが、一定期間を過ぎると品定めのフェーズは終わり、「この会社で働いている自分があたり前」と感じられるようになる。これは、会社が「自分の人生の一部」として位置付けられた瞬間だと言える。この感覚が得られた時に見られる変化が、自社のことを話す時に「うちの会社は」という言い方から「私たちは」という言い方に変わることだ。これは、個人人格と組織人格の境目が曖昧になり、自分と会社が「一体化」しつつある証拠だと言える。

筆者は、これを「Ｗe感覚」と呼んでいる。「Ｗe感覚」を持っている若手社員は、ちょっとやそっとのことでは離職しなくなる。なぜなら、こうした若手社員は会社へのコミットメ

図表5-2 オンボーディングのゴールは「戦力化」ではなく「一体化」

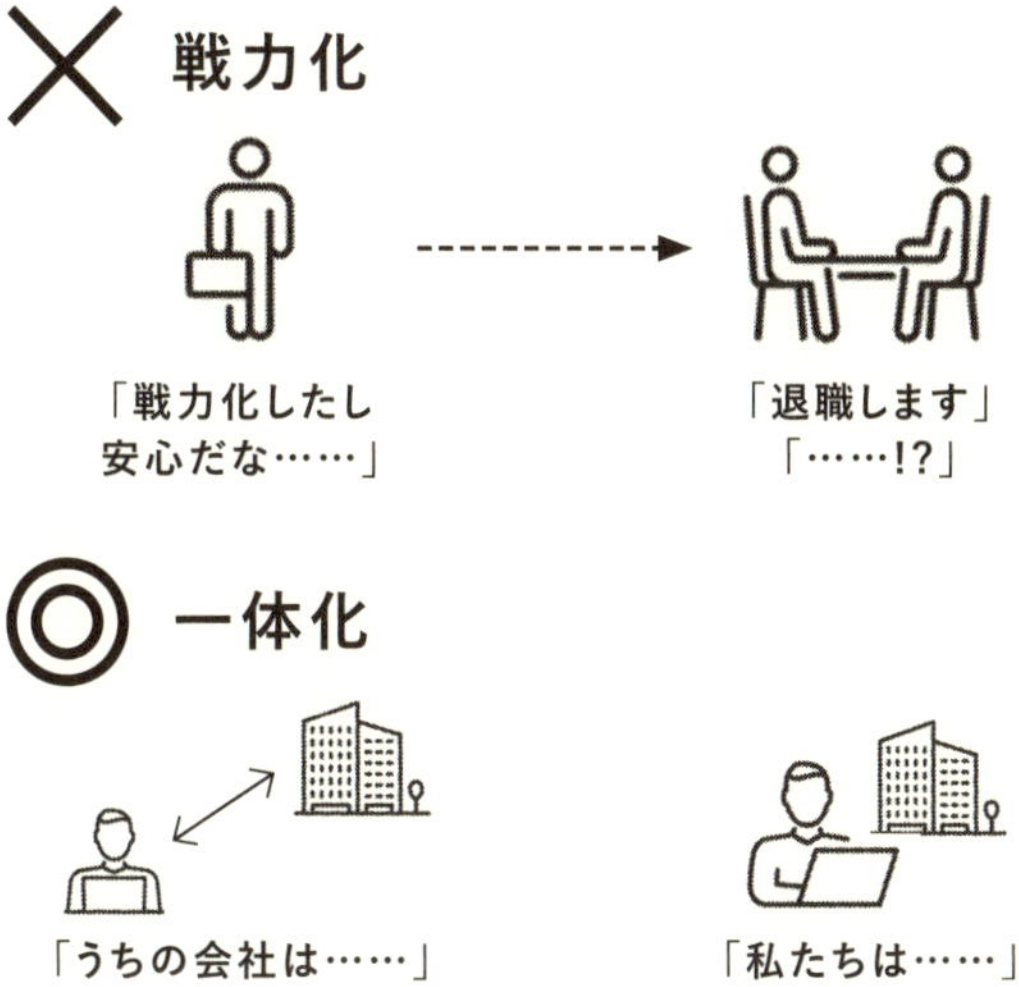

出所：筆者作成

ントが高まっており、もはや退職することは自分が大切にしてきたことを否定することにつながると感じるようになっているからだ。

もちろん、原理的には、個人と会社は別人格である以上、個人と会社が「一体化」することはない。しかし、自社のことを「私たちは」と表現するようになった時、「組織人格が個人人格に入り込んだ状態」になっているのは間違いない。この感覚は、若手社員においても、学生時代の組織体験の中で経験した人も多いだろう。筆者自身も高校3年間野球に打ち込んだが、1年生の時は「うちのチームは」という感覚だったが、3年生になった時は「俺たちは」という感覚へと変化した。組織人格として役割を体現することが、個人人格の喜びとつながっている感覚になった。

若手社員の離職を防止し、定着を図りたいのであれば、「一体化」をゴールにオンボーディングを行うべきだと筆者は考える。「戦力化できたから、もう大丈夫だろう」と思っていると、ある日突然、予期せぬ退職宣言を受けることになる。若手社員の悲しい退職を防ぐためには、オンボーディングで「We感覚」を育むことが重要だ。

ただし、若手社員の「We感覚」を育むのは長期戦になる。筆者の経験上、自然に「私たちは」という言葉が出るようになるまで、5～10年くらいかかる。個人と会社は、1つのきっかけである日突然一体化するわけではなく、長い時間をかけて一体化が進み、徐々に「We感覚」が得られるようになっていくのだ。もちろん、組織の規模や個人の成長スピードによって、その歳月は短くなったり長くなったりするが、半年や1年で「We感覚」が得られることはない。

一般的に、オンボーディングの期間は3カ月から1年程度だとされているが、ゴールを「一体化」に置くのであれば、5～10年という長期間でオンボーディングを設計する必要がある。

「We」感覚が自発的に育まれる若手社員の3つの特徴

「We感覚」を持った社員は会社に定着し、長く活躍してくれる。そのために、会社はオンボーディングを通して、若手社員の「We感覚」を育んでいくことが重要である。ただ、会社からの働きかけがなくても、自発的に「We感覚」を体得していく若手社員も存在する。こうした若手社員に見られる特徴が以下の3点である。

特徴①：正解創りをしている

「正解創り」とは、自分の選択を正解にするべく行動することを言う。第4章でも述べたように、正解創りをするためには「決断」することが求められる。就活生が、ある会社に入社を決める時は、自分なりに「この選択が正しい」と思っているはずだ。「この会社であれば、幸せなキャリアを築けるはずだ」「この会社なら、楽しい社会人人生を送ることができるだろう」といった期待を持って入社を決めているだろう。

しかし、実際に入社すると、多くの新入社員は「こんなはずじゃなかった……」と、期待と現実のギャップに直面する。自分の能力を思うように発揮できず、同期との力の差を感じる時もあるだろう。与えられた仕事に意味を見いだせず、何のために働いているのか分からなくなる時もあるだろう。

そうなると「就活の時の自分の判断は間違っていたのではないか？」という考えが頭を巡るようになる。個人人格が下した決断に迷いが生じてくるわけだ。こうしたタイミングで、他の会社からスカウトされたり、プライベートに変化が訪れたりすることで、退職を決断する若手社員は少なくない。

しかし、正解創りをしている若手社員の頭の中は少し違う。「就活の時の自分の判断は正しいはずだ」「それならば、今の環境にどう向き合うのがいいだろうか」と考え、行動する。過去の決断は正しかったと信じ、環境に働きかける行動を繰り返していると、やがて自分の中に信念が芽生えてくる。心理学的に言えば、「コミットメントによる一貫性」が働いている状態だ。人間は、自分の信念と異なる環境に置かれた時、環境を自分の信念に合わせようと働きかける習性がある。

このように、自分の選択を正解にするべく行動を起こせる若手社員は、そうでない社員よりも早期に「Ｗｅ感覚」を得られる。

特徴②：ネットワーク創りをしている

ネットワーク創りとは、社内外で関係性を広げることを言う。

新卒社員は、入社すると様々な人と新しい関係を持つことになる。学生時代であれば、自分の好きな人や気の合う人とだけつながっていれば問題なかったが、社会人になるとそうはいかない。厳しい上司や意地悪な先輩、学生時代だったら友だちにならなかったような同期ともコミュニケーションを図らなければ、仕事を進めることはできないだろう。

配属になった部署にいる人たちが、自分と相性の合う人ばかりであれば、たいていの仕事は楽しいものだ。しかし、このようなケースは意外と少ない。逆に、自分と相性の悪い人ばかりであれば、途端に仕事は苦しく、つらいものになる。こうした環境でストレスを抱えて体調を崩したり、仕事で評価されなかったりすると、「退職」の2文字が頭をよぎるようになる。

しかし、ネットワーク創りをしている若手社員は、このような状況に陥りにくい。なぜなら、職場以外の人とネットワークを創り、話を聞いてもらったり、ガス抜きをしてもらったりしているからだ。こうしたネットワークは、仕事を通して築いたものに限らない。例えば、社内の野球サークルや、同じ趣味を通して知り合った友人など、仕事以外のところでも様々な人間関係を構築している。つまり、個人人格で付き合える仲間がたくさんいるということだ。

第1章で紹介した経営学者のバーナードも「非公式組織」の重要性を語っている。バーナードは、個人が仕事などで組織人格的に振る舞うことが要求される組織を「公式組織」と呼ぶ一方で、個人が個人人格のままで気楽に振る舞うことができる組織を「非公式組織」と呼んでいる。

公式組織では、目的達成のために個人人格が表出するのを抑えなければならないが、非公式組織ではその必要はない。つまり、ネットワーク創りをしている人は、会社内の非公式組織に所属することで2つの人格のバランスを取っているのだ。

このように、非公式組織で関係性をつくることができている若手社員は、自発的に「We感覚」を育んでいける。

特徴③：仲間創りをしている

この場合の仲間創りとは、後輩の育成や自社の採用活動に関与することを言う。

新入社員が入社して1年が経過すると、早くも後輩が入社してくる。後輩に対して、積極的に仲良くなろうとする人もいれば、距離を置こうとする人もいる。1つ下の後輩は、学生時代と同じように仲間になることもできるが、会社ではライバルにもなり得る存在だ。

仲間創りをしている若手社員は、「仲間」として後輩と接し、自分が学んできたことを積極的に伝授する。その内容は、仕事の進め方はもちろんのこと、仕事の楽しみ方や職場内での関係性のつくり方など多岐にわたる。このような若手社員は、自社の採用活動でも重宝されやすい。面倒見が良いので、採用活動においてリクルーターなどの活動を任されるのだ。

こうして、後輩の育成や自社の採用活用に関与している人は、自然と「We」を語るシーンが増えていく。なぜなら、「うちの会社は」と語るよりも、「私たちは」と語るほうが、相手に与える影響力が大きいことに気付くからだ。組織人格だけで語っていても、感情が見えにくいので、相手にメッセージが届きにくい。個人人格と組織人格が一体となって、会社の魅力や仕事の面白さを伝えることで初めて、相手の心に響くのだ。

このように、後輩の育成や自社の採用活動に積極的に関与している若手社員は、自然と「We感覚」を体現できるようになる。

正解創りをしている人、ネットワーク創りをしている人、仲間創りをしている人は、比較的早期に「We感覚」を育んでいく。逆に考えると、若手社員にこのような機会を提供していくことで、「We感覚」の醸成を促進することができる。

図表 5-3「We感覚」が自発的に育まれるZ世代の3つの特徴

正解創りをしている

過去の決断は正しかったと信じ、
環境に働きかける行動を繰り返す

ネットワーク創りをしている

職場以外の人とネットワークを創り、
話を聞いてもらったり、ガス抜きをしてもらったりしている

仲間創りをしている

「仲間」として後輩と接し、
自分が学んできたことを積極的に伝授する

出所：筆者作成

多くの若手社員が「Ｗｅ感覚」で語れる会社は強い。「Ｗｅ感覚」を持っている若手社員は、いかなる状況に立たされても自らの選択を正解にするべく行動し、常に社内の雰囲気を良くしようと努め、新しい仲間を迎え、育んでくれるからである。

若手社員の離職防止は、コストの無駄やブランドの毀損、カルチャーの喪失といったマイナス要素を防ぐだけの活動ではなく、会社が持続的に発展していくためのプラス要素を積み上げる重要な活動である。

個人のキャリアという視点で見れば、転職は決して悪いことではない。しかし、若手社員が転職することなく生き生きと働き続け、会社も発展し続けている状態は、若手社員と会社の双方にとって嬉しく、幸せな状態だ。このような状態を理想とするのであれば、「Ｗｅ感覚」をゴールにしてオンボーディングを進めていくことが重要になる。

次章では、20代を3つの期間に分け、それぞれの期間で起こりがちな離職へと傾く心境変化や、オンボーディングのポイントを解説していく。

第6章

ステージ別の離職要因とアプローチ方法

自分と会社の間にある線引きが曖昧になり、自分と会社が「一体化」している「Ｗｅ感覚」が育まれるようになるまでに、どのくらいの時間がかかるだろうか。大学を4年で卒業し、就職した人を想定すると、筆者の感覚では入社8年目、ちょうど30代に差しかかる時期が1つの節目になると思っている。

20代は、キャリアの可能性に満ちあふれている一方で、思い悩む年頃でもある。まだ「社会人自我」とでも言うべき、ビジネスや社会における自分の存在意義を確立できていない。仕事や人間関係における葛藤や、ライフスタイルの変化に自分自身が適応できていない人も多い。「個人人格」と「組織人格」の折り合いを、いかにつけていくかで悩んでいる時期だと言えるだろう。

しかし、30代になると、個人人格と組織人格の折り合いのつけ方を、自分なりに体得できるようになる。その1つのサインが「Ｗｅ感覚」であり、自社のことを「うちの会社は」ではなく、「私たちは」と言えるようになる。

「Ｗｅ感覚」が育まれるのが30代に差しかかる頃だというのは、筆者の感覚値に過ぎないが、これまでに出会った多くのクライアント企業で共感を得られている。マイナビが実施した転職動向調査でも、20代の転職率が全年代で最も高く、２０２１年以降13％台で推移しているのに対し、30代の転職率は10％を割っている。このような調査データを見ても、30歳前後で

「We感覚」が根付いてくると考えることもできるだろう。

※参考：【年代別】20代・30代・40代・50代の「転職率」と「転職理由」を解説――マイナビキャリアリサーチLab
https://career-research.mynavi.jp/column/20240329_72338/#30-2

そこで本章では、20代をオンボーディング期間と設定する。そのうえで、20代を以下の3つのステージに分け、それぞれの期で起こりがちな離職へと傾く心境変化と、その対応策について解説してきたい。

- **スタートアップ期：23〜25歳（入社1〜3年目）**
- **ペースメイク期：25〜27歳（入社3〜5年目）**
- **ギアチェンジ期：27〜29歳（入社5〜7年目）**

もちろん、実際には明確に線引きできるものではなく、グラデーションはある。とはいえ、各年代で起こりがちな心境変化を理解しておくことは、オンボーディングを成功させるために極めて重要なことである。

スタートアップ期（入社1～3年目）の特徴

入社1～3年目の新入社員は、組織や仕事における自分の「役割」や「可能性」を見いだそうともがいている。慣れない言葉や慣習など、組織・仕事の文化に馴染みきれていない時期だと言えるだろう。先述のとおり、厚生労働省のデータでは、大卒新入社員の入社3年以内の離職率は32・3％となっており、最も離職の可能性が高い時期だと言える。

この時期は、入社前の期待と現実のギャップが離職理由になりやすい。簡単に言えば、「思っていたのと違った」というわけだ。これを前述の個人人格と組織人格で考察してみる。入社の意思決定までは、個人人格が主導して働く場所を決定している。その段階では組織人格が求められることはほとんどない。そして入社してみると、途端に組織人格が求められ、まだ未熟な新人は、組織人格としての役割演技力が足りずもがき苦しむことになる。

個人人格と組織人格は相互影響関係にあるため、組織人格における苦しみが個人人格に直接的に負の影響を与えてしまう。スタートアップ期の新人は、自分自身において個人人格と組織人格のバランスを取ることにも慣れていないため、結果として離職の意思決定をしてしまうのである。

このような前提を踏まえて、スタートアップ期の離職に至るまでによくある、新入社員の心境変化を見ていこう。スタートアップ期の新入社員は、個人人格において以下の3つの症例に陥りやすい。

Meaning不足

Ｍｅａｎｉｎｇ不足とは、仕事に意味（Ｍｅａｎｉｎｇ）を感じることができずに、やる気を喪失している状態である。この時の心の声は「自分のやりたいことと違った」だ。就職活動で会社の事業や仕事に魅力を感じ、面接では「入社したらやりたいこと」を力強く語った。こうして期待を胸に入社したものの、実際に働いてみると「思っていたほど仕事が面白くない」「仕事がつまらない」と感じている状態だ。

目の前の仕事が自分の欲求にマッチしていないため、職場や仕事から逃れることを希望するようになる。これが、スタートアップ期の新入社員に最も多い症状であろう。この症状に陥っている時は、仕事内容にミスマッチを感じているだけでなく、上司や同僚との人間関係がうまくいっていない場合も少なくない。人間関係の煩わしさによって、仕事の意味を見失っている状態とも言える。

気の合う仲間とだけ付き合っていればよかった学生時代と違い、社会人になると組織人格としての役割演技力が求められるようになる。このシフトがうまくできず、個人人格と相容れない振る舞いを求められることに辟易《へきえき》としている新入社員も多いはずだ。またこのようなマインドに陥るタイプは個人人格が前面に出やすい。特に多い考え方が、「自分にとって」という視点が強すぎるのである。「今与えられた仕事は自分にとってどういう意味（Meaning）があるのか？」という視点で仕事を捉えがちである。「言っていることは分かるのですが、それが私にとってどういう意味があるのですか？」ということを質問してきたり、質問しなかったとしても表情に表れていることがよくある。

この症状に陥っている新入社員が、初期段階で発するアラートが「職場の異動希望」だ。上司としては、「あと1年くらい踏ん張っていれば、仕事が面白くなってくるから」と言いたいところだろう。しかし、昨今のZ世代は「タイパ重視」と言われるように、短い時間でいかに大きな成果や満足を得られるかを重要視しており、働くことも短い時間軸で捉えている。「1年も我慢しなければいけないのなら、他の会社に行ったほうがいい」と転職を選ぶ人は少なくないはずだ。

Value不足

Value不足とは、仕事の評価（Value）に対する納得感がないために、やる気を喪失している状態である。この時の心の声は「もっと評価されると思っていたのに」だ。

就職活動で内定をもらうと、内定先企業の先輩社員からあの手この手で決断を迫られる。「君なら絶対に活躍できるよ」といった声をかけられることも多いだろう。こうして、自信満々で意気揚々と入社したものの、自分が思っていたほど上司から評価されないという現実に直面する。人は周囲からの承認を得たがる生き物である。

特に、Z世代はこの傾向が顕著である。Z世代は、SNSでお互いに「いいね！」をして、賞賛・受容することで承認欲求を満たしてきた。このような体験が働くうえでの価値観にも影響を与えており、仕事においても「自分を認めてほしい」という強いニーズを持っている。それゆえ、「褒められたい」「評価されたい」という欲求が満たされないと、徐々に不平不満を溜め込んでいくようになる。

またこの承認を求めるタイプに多い発言として、「自分は頑張っている」がある。この前提にあるのは、〝頑張っていれば認められる〟〝自分が成長すれば褒められる〟という考え方である。学生時代は、勉強して成長することが目的であったが、社会人は、勉強や成長はあくまで手段である。最終的な成果を出して初めて認められるということが感覚的に体得できていないものと思われる。

この症状は、上司との関係だけで生じるものではない。例えば、同期や後輩が自分よりも早く昇格したり、表彰されたりすることもあるだろう。他のメンバーが褒められたり認められたりしているのを目の当たりにすると、自分は相対的に認められていないと感じるものだ。

この症状に陥っている新入社員が、初期段階で発するアラートが「評価への不満」だ。「自分の働きを見てくれていない」「正しく評価してもらえない」といった不満を表すようになる。上司としては、ちゃんと見て、公平に評価しているつもりでも、本人は自己認知と他者認知のギャップに苛まれる。この状態が続くと、「自分にはもっと活躍できる場所があるはずだ」と考え、転職という決断に至る。

Power不足

Ｐｏｗｅｒ不足とは、力量（Ｐｏｗｅｒ）が追いついていないために、やる気を喪失している状態である。この時の心の声は「ついていけない」だ。

多くの新入社員は、学生時代に多かれ少なかれ自分なりの成功体験を積み重ねている。しかし、社会人になって仕事の難しさや自分の至らなさに直面することで、これまで培ってきた自信は打ち砕かれ、「自分はこの会社にいていいのだろうか……」と思い悩むようになる。

特に、この症状に陥りやすいのが、新しい仕事を任された時だ。初めての仕事だから当然失敗することはあるが、失敗を上司から指摘されると、「きちんとやり方も教わっていないのに、できるわけがないだろう」と不満が爆発する。このような症状に陥りやすい傾向の人材は、完璧主義になっている人に多い。Z世代の傾向としては、「挑戦するよりも『調整』する」というスキル傾向があるが、これはチャンスよりもリスクを重視して、悪いことが起きないように調整する傾向も含む。結果として、ストレッチが求められる仕事を任された時には、この不満が噴出するというわけだ。

この症状に陥っている若手社員が、初期段階で発するアラートが「仕事の拒否」だ。失敗が続くと自信を失い、「私にはこの仕事は無理です」と仕事を選り好みするようになる。仕事を拒否されても、会社組織である以上、上司としてはある程度強制的に頼まざるを得ない。しかし、この状態が続くと新入社員は「虐げられている」と感じ、嫌気が差して退職に至る。

3つの症状への対応策

このように、入社1～3年目のスタートアップ期にある新入社員は、慣れない環境の中で必死にもがき、苦しんでいる。この時期を乗り越えるためには、組織人格で役割を演じることによって成功体験を重ねるプロセスが必要だ。

「できた」→「褒められた」→「面白い」という体験を繰り返すことで、3つの症状が和らいでいくだろう。

筆者は、この体験を「Meaning」「Value」「Power」の頭文字を取って「MVP体験」と呼んでいる。「MVP」と言うと、華々しい成果を上げなければならないように聞こえるかもしれないが、ここで言う「MVP」は「自分で自分を褒めたくなるような成功体験」と捉えていただきたい。スタートアップ期の新入社員に、MVP体験を重ねてもらうための3つのアプローチ方法について解説していこう。

アプローチ①：仕事をスモールステップにする

まずは、「できた」という実感を持ってもらうことが重要だ。そのためには、目指す目標は高く設定したとしても、目の前の仕事のハードルを上げ過ぎてはいけない。「小さな仕事を任せて、やりきったら褒める」を繰り返していこう。

これを繰り返すためには、仕事を細分化するタスクマネジメントと、即時にフィードバックを行う仕組みづくりが必要になる。特に、Z世代は、調整型で承認を求めるため、「今やっていることって、これで合っているのかな?」「このまま進めて大丈夫かな?」というように、リアルタイムのフィードバックを求める人も増えている。それゆえ、こまめで丁寧なフィードバックは重要だ。

加えて、マネジャーには新入社員の力量を客観的に評価する眼力が求められる。新入社員が徐々に仕事をできるようになってきたら、力量に合わせて少しずつ仕事のハードルを上げていきたい。経験が浅いマネジャーは、このさじ加減が粗くなりがちなので注意が必要だ。

このようなアプローチは、人によっては、「軟弱」「甘やかし」だと映るかもしれない。しかし、根性論が通用する時代はとうに終わった。崖から落とし、必死に這い上がらせることで成長を促すようなマネジメントは、リスキーだと言わざるを得ない。

三日坊主の人に習慣を身に付けさせる際も、小さな習慣から始めた方が効果的だ。「1日1ページ本を読む」「1日1カ所を片付ける」など、簡単にできる行動から始め、徐々にレベルを引き上げていくことで習慣は形成されていく。これは脳科学でも証明されている習慣づくりのコツである。

人間は、もともと今のままでありたいという心理学的な現状維持バイアスが働いている。新しく取り入れようと思った習慣がすぐに挫折する理由は、この現状維持バイアスの重力に引っ張られるからである。そのバイアスを打破する方法が、この小さな習慣だ。習慣というのは重力に逆らって、ロケットを宇宙空間に飛ばすようなものである。ロケットを大きくしてしまうと、その分現状維持の重力が重たくなる。だから、最初のスタートにおいては、「1日1回元気よく挨拶する」など極力簡単な習慣からスタートすることが効果的である。

筆者自身も、三日坊主の権化《ごんげ》のような人間であったが、この手法を取り入れることで体重は20キロ減少し、資格も20個以上取得することができ、100キロマラソンで10時間を切ることができるようになった。

アプローチ②：仕事の評価ポイントを多様化させる

仕事をやり切った後は、「褒められた」という実感を持たせるようにすることが重要だ。案件を受注したり、1つのプロジェクトを完遂するなど、分かりやすい成果が出れば、褒めるのは簡単だろう。しかし、仕事はそのような華々しい成果ばかりではない。地道な裏方業務の積み重ねがあってこそ、華々しい成果も生まれるものである。

このような裏方業務は一般的に新入社員が担うことも多いため、どうしてもスポットライトが当たりにくくなる若手も存在する。だからこそ、マネジャーには「縁の下」に目を向け、コツコツとした行動にスポットライトを当てる配慮が求められる。例えば、業務のスピードアップやミスの減少など、様々な評価ポイントを用意して新入社員を評価するようにしたい。

さらには、賞賛よりも承認を求めるZ世代の評価においては、手放しで褒め称えるだけの状態は避けたい。何が認められたのかを明確にすることも大切である。例えば、「今回成果を出せたのは、君のクライアントとの調整力が磨かれたからである」「自分の個人的な感情に左右されず、安定して活動できたからである」というように、理由をつけることで承認された感は増す。組織人格として役割演技を求められているZ世代に対して、どの部分の役割演技力が高まったのかを明確にして承認することで、Value不足やPower不足における不足感は減少するであろう。

また、褒めるタイミングは「即時」が基本である。SNS時代を生きているZ世代においてはリアルタイム性は重要である。また、教育学の実験でも、学生がテストや宿題に対して即時にフィードバックを受けることで学習意欲が向上することが明らかになっている。半年後の評価面談で褒められても、本人からしたら「えっ？　それっていつの話？」とピンとこない場合もあるだろう。

アプローチ③：仕事に意義付けをする

仕事ができて褒められた後は、「面白い」と思ってもらうことが重要になる。そのためには、新入社員が仕事に意義を見いだせるように導いていかなければならない。

「意味のない作業を延々とやらされることで心が折れる」ということは、数多くの心理実験によって明らかになっている。仕事に意義を見いだす重要性については、「3人のレンガ職人」という話が人材育成の領域では一般的に知られている。

3人のレンガ職人に「何をしているのか？」と尋ねると、1人目は「石を積んでいる」と答え、2人目は「教会をつくっている」と答え、3人目は「地域の人々を幸せにする場所をつくっている」と答えた。それぞれ、1人目は「行動」、2人目は「目的」、3人目は「意義」を答えていることが分かるだろう。3人目のレンガ職人のように意義を理解している人ほど、やりがいを感じながら、主体的に仕事に取り組むことができる。

マネジャーとしては、例えば「この仕事は地味に見えるけど、会社を大きなリスクから守っているんだよ」「これを実現できると、社会にこういう価値を提供できるよね」などと伝え、仕事に意義付けをしてあげることが重要だ。

そして、それ以上に大切なのが、そう言っているマネジャー自身が仕事の面白さを実感し、それを体現していることだ。これはZ世代に限らず普遍的に大切なことだと筆者は思っている。筆者が新人の頃も、直属の上司はことあるごとに「この仕事って本当に面白いよなぁ」と嬉しそうに語りかけてくれていた。どちらかというと斜に構え気味だった筆者は心の中で、「仕事なのだから面白いどうこうよりも成果が大切でしょう」と思っていたが、あまりにもピュアな表情で語りかけ続けてくれたおかげで、自分の中で組織人格として演技することとそのものに対して面白味を感じることができるようになった。どんなに表面的に仕事に意義付けをしても、上司が心の中でつまらないと感じている仕事をやらされている部下が、その仕事に意義を見いだせるはずもないであろう。

スタートアップ期のまとめ

以上が、入社1~3年目の新入社員が陥りやすい症例とその対応策である。「Meani

図表6-1 スタートアップ期の離職要因(MVP)とアプローチ方法

・離職要因

Meaning不足 … 目の前の仕事と自分の欲求が合っていないため仕事をつまらないと感じ、現在の職場や仕事から逃れることを希望するようになる。

Value不足 … 自信満々で入社したものの、自分が思っていたほど上司から評価されないという状況に直面し、「褒められたい」という欲求が満たされずにいる。

Power不足 … 仕事の難しさや自分の至らなさに直面することで、これまで培ってきた自信が打ち砕かれている。

・アプローチ方法(「MVP体験」)

① 仕事をスモールステップにする

小さな仕事を任せて、やりきったら褒める
(→タスクマネジメントや即時のフィードバックが大切)

② 仕事の評価ポイントを多様化させる

様々な評価ポイントを用意して新入社員を評価する
(→即時に、具体的に、承認することが大切)

③ 仕事に意義付けをする

仕事に意義を見いだせるように導く(→マネジャー自身が仕事の面白さを実感し、それを体現していることが大切)

出所:筆者作成

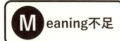

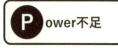

ng不足」「Value不足」「Power不足」という陥りがちな3つの状態を押さえたうえで、それぞれの頭文字を取った「MVP体験」を意識したオンボーディングを実践していただきたい。

社会人初期の段階であるこの時期は、個人人格と組織人格の適切なチューニングに慣れていないがゆえに、様々な環境変化に対してすぐに影響を受ける時期でもある。だからこそ、Z世代として移ろいゆく個人人格に対する丁寧なケアと、組織人格に対する丁寧な役割演技の指導の両方が求められる。

もしかしたら、「昔のほうがマネジメントは楽だった」と感じているマネジャーは多いかもしれない。しかし、時代が変わってもマネジメントの本質が変わることはない。「やってみせ、言って聞かせて、させてみて、ほめてやらねば、人は動かじ」――。これは、旧日本軍で連合艦隊を率いた山本五十六の名言だ。スタートアップ期のマネジメントに必要なことは、この言葉に集約されていると言えるだろう。Z世代だからこそ、この言葉の重みが改めて浮かび上がってくるのかもしれない。

企業実例

スタートアップ期

アサヒ飲料株式会社

自分でモチベーションを立て直す技術を身に付ける2年目リフレクション研修

アサヒ飲料株式会社は、アサヒグループホールディングスの清涼飲料水部門の子会社で1972年に創業した。「三ツ矢サイダー」「カルピス」「十六茶」「WONDA」などのロングセラーブランドを数多く生み出し、業界3位に躍進。ロングセラーブランドに磨きをかけるとともに、新たな価値を創出することで存在感のある会社、一番信頼される企業を目指している。

しかしながら、人口減少が進む国内市場は今後、シュリンクしていくことは予想に難くない。同社が現在のポジションにいるのは、ロングセラーブランドの人気によるところが大きい。飲料の世界は、マーケティング次第で短期的に売上を伸ばすことはできても、ロングセラーにするのは極めて難しい。その意味で、数多くのロングセラーブランドを持っていることは、同社の大きな強みになっている。「朝専用」という時間軸をコンセプトにした「ワンダモーニングショット」が「朝に缶コーヒーを飲む」という文化を定着させたように、文化になる飲み物を生み出すことができる会社だと言えるだろう。

抱えていた課題

同社は設立後、決して順風満帆だったわけではなく、2000年前後は赤字続きの時期もあった。こうした苦しい時期を経験してきた会社だからこそ、健全な危機意識を持っている。その危機意識の強さから、近年は変わり続ける環境にうまく適応し、事業を伸張させてきた。

一方で、組織に目を向けると、ミドル層の社員が多く、40代以上が60%以上を占めているといういびつさもあった。その中でも、管理職に上がれなかったミドル層の中には、モチベーションが高くない方も少なからず存在した。やる気に満ちあふれて入社してきた新入社員も3〜4年が経つと、こうしたミドル層からネガティブな影響を受け、徐々に意欲が減退してしまうという例もあった。こうした流れを断ち切るために、社内ではオンボーディング強化の必要性が叫ばれるようになった。

また、入社してくる人材の傾向にも変化が見られるようになっていた。同社はここ数年、採用人気ランキングの上位に位置していることもあり、入社してくる人材の学歴が高くなっていた。学歴が高い人材が集まるのは決して悪いことではないが、なかなか挑戦する風土醸成ができていないという課題があった。人事部門としてはいま一度、解のない問いに答えを創り出すことのできる、「世の中を変えてやろう」といったような志を持った人材を増やしていきたいという思いがあった。

2年目リフレクション研修を実施

こうした課題を解決するため、同社が導入したのが「2年目リフレクション研修」である。新入社員が2年目を迎える時期は、1年目の時は世話をしてくれたブラザーシスターが離れるタイミングで、どうしても不安が高まりがちであった。2年目を目前にした新入社員は、「まだまだ、できないことばかりだ」「こんな状態で独り立ちできるだろうか」という不安を抱えている。いわゆるＰｏｗｅｒ不足に悩んでいる状態である。2年目リフレクション研修は、こうした新入社員を、できないことばかりに目を向けるのではなく、自分でモチベーションを立て直すことができる状態へと導き、「自己への期待」＋「殻を破る挑戦」ができるマインドセットをすることを目的としている。

リンクアンドモチベーションが支援した本研修のコンテンツの要点を紹介したい。

図表6-2 モチベーション曲線

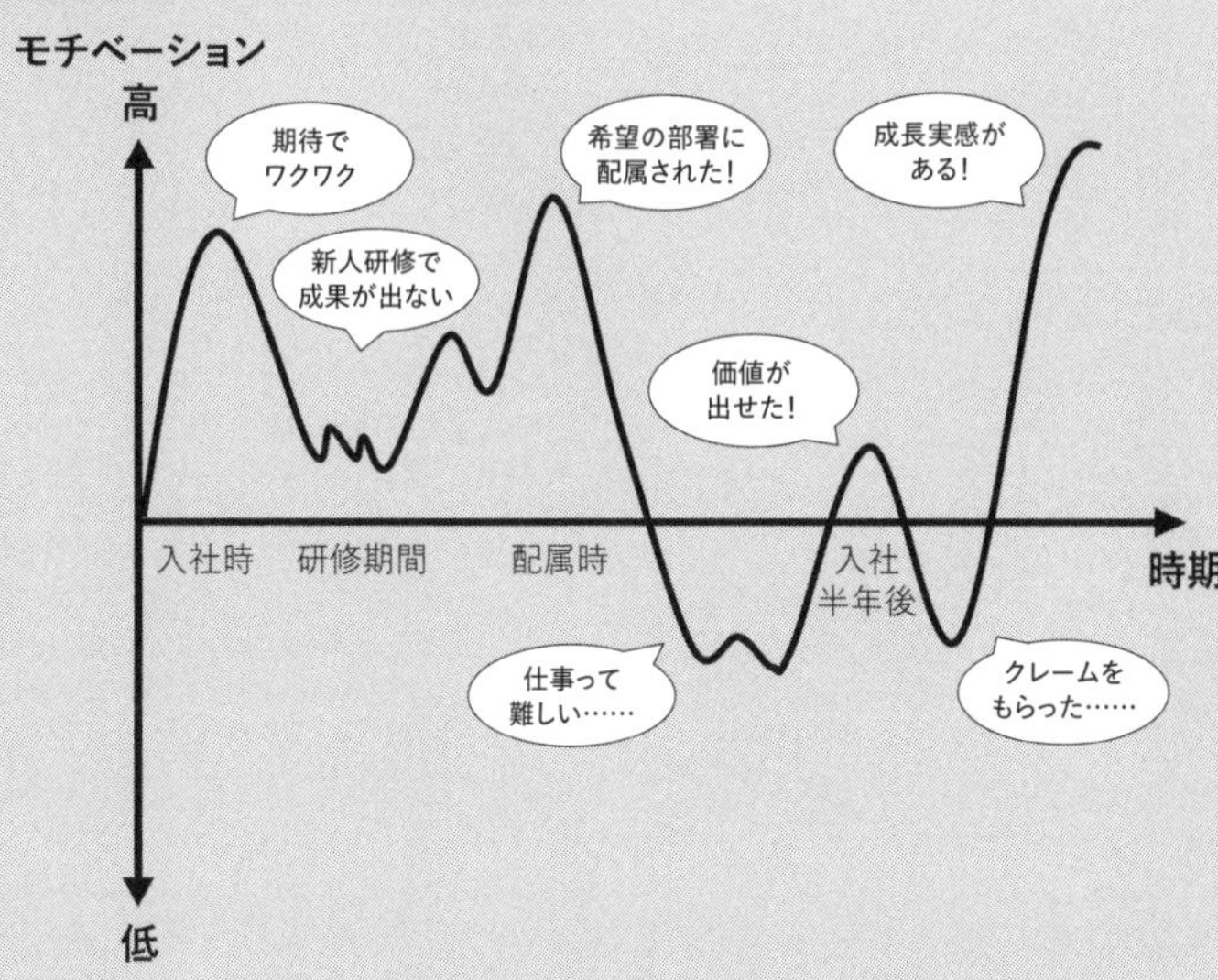

出所:筆者作成

モチベーション曲線の共有

事前の課題として、新入社員には図表6-2のような「モチベーション曲線」を作成してもらう。これは、入社時から現在までの自分自身のモチベーションの変動を曲線で可視化したものである。モチベーション曲線を作成することで、自分がどのような時にモチベーションが上がるのか、あるいは下がるのかを把握することができる。また、同期とモチベーション曲線を共有し合うことで、自分自身の状態を客観的に認識することができる。

新人は、個人人格と組織人格のバ

ランスが取れず、個人人格におけるモチベーション問題がダイレクトに組織人格の役割演技に影響を与えることとなる。この時に大切なことは、まずはモチベーションに左右される原因を知ることだ。そしてそれは、個々人によってその原因は異なるため、自分の特性を知ることも大切なのである。

コントロールできる・できない領域を理解する

アメリカの精神科医であるウィリアム・グラッサー博士が唱えた「選択理論心理学」の考え方をベースに、「変えられるもの」と「変えられないもの」を分けて捉えることを学ぶ。人はつい「変えられないもの」にとらわれてしまうが、「変えられるもの」にエネルギーを集中させることが、自分自身をコントロールするうえでの第一歩になる。例えば、以下のような観点がある。

●自分 vs. 他人

人間はともすれば、他人を変えてやろうと意気込むものだが、これは簡単なことではない。そもそも「他人を変えることは無理だ」という前提に立つことが大切だ。他人を変えること

図表6-3　変えられるもの vs. 変えられないもの

「変えられるもの」にエネルギーを集中させることが、
自分自身をコントロールするうえでの第一歩である

変えられるもの		変えられないもの
自分	vs.	他人
思考・行動	vs.	感情・生理反応
未来	vs.	過去

出所：リンクアンドモチベーション

がでないのであれば、まず自分から変わる。その結果として、他人に対しても変化を促すことができるのだ。

●思考・行動vs.感情・生理反応

人間の感情や生理反応は制御することができない。だが、思考や行動なら変えることができる。思考や行動を変えることで、感情に振り回されることなく、ある程度、「自分」をコントロールする術《すべ》を身に付けることができる。

●未来vs.過去

過去を塗り替えることは不可能だ

が、未来はこれから創っていくことができる。結果ではなく、先を見据え、未来を変えるために今どうするかが重要だ。

研修では、これを通じてモチベーションが左右する原因を体感的に把握するのである。多くの新人は、すべての事象にある様々な要素を混在して捉えてしまうことで、いわゆる〝変えられないもの〟に嵌まることになる。大雑把に仕事やそれに向き合う自分自身を捉えるのではなく、上記のように切り分けることで嵌まらずに冷静に向き合えるようになる。

思考を切り替える方法を習得する

思考を固定せず、切り替えた視点で物事を把握することの重要性を理解する。視点を切り替えられる観点として「スイッチ&フォーカス」のテクニックを学ぶ。

●タイムスイッチ

「時間」を短期⇕長期、過去⇕未来と切り替えることによって思考を切り替える。

●ズームスイッチ

「視界」を低⇕高、狭⇕広と切り替えることによって思考を切り替える。

・ゴールフォーカス

「ゴール」に立ち返り、目的視点から現状を見る。

・チャンスフォーカス

隠されたチャンスに目を向け、チャンスの視点から現状を見る。

・リスクフォーカス

奥に潜んだリスクの視点から現状を見る。

モチベーションが下がった時、あるいはやる気を失ってしまった時は、まず自分自身の「思考」を切り替えることが有効である。客観的な視点から現状を捉え、変えることのできる自分自身の「思考」に今後の選択の焦点を絞っていく。そのうえで、自分自身の「行動」を切り替える。「スイッチ&フォーカス」のテクニックを活用して自分自身の「思考」「行動」を切り替えていくことが、自分自身をコントロールし、ポジティブな選択を積み重ねていく

図表6-4　視点を切り替える観点「スイッチ & フォーカス」

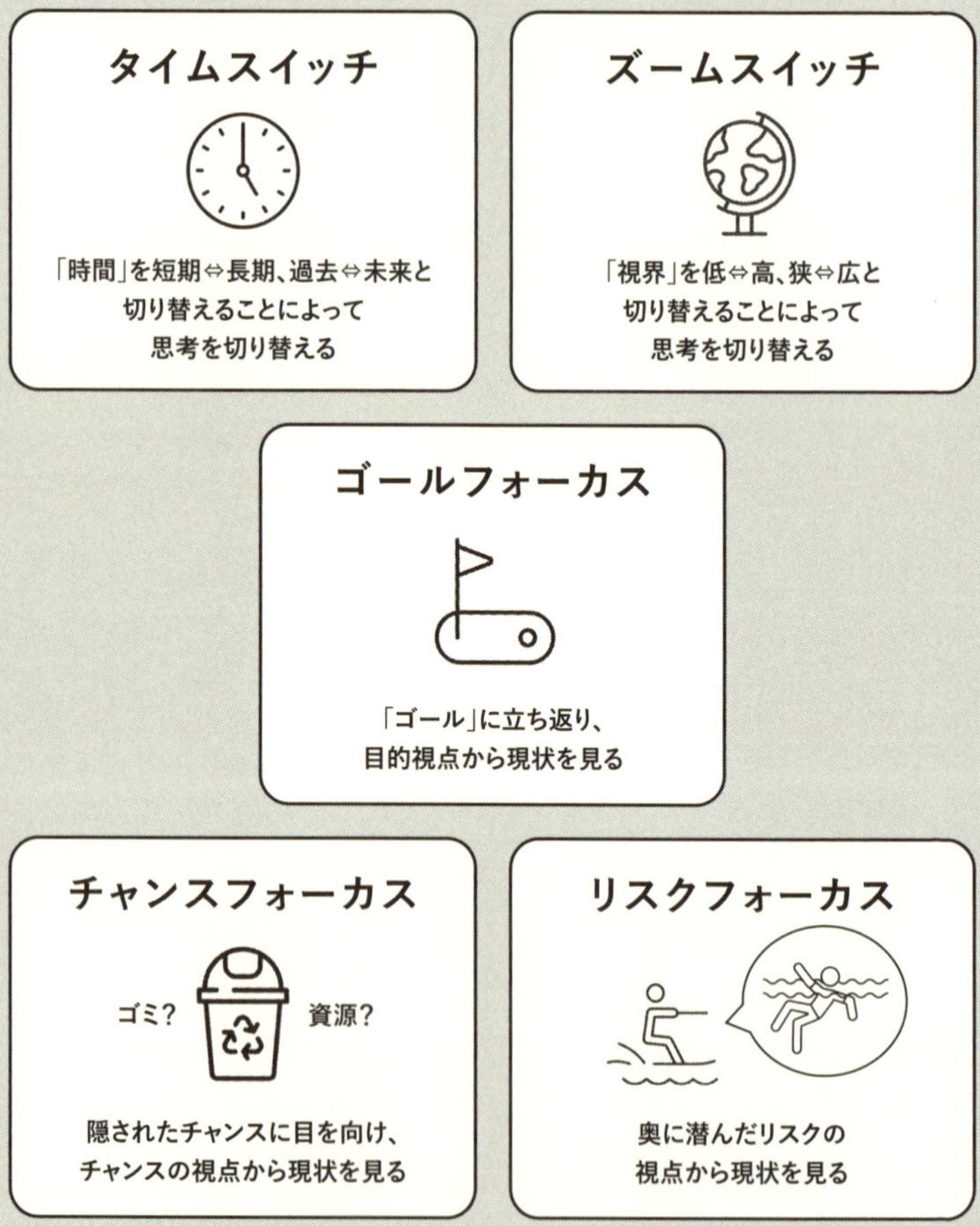
タイムスイッチ
「時間」を短期⇔長期、過去⇔未来と
切り替えることによって
思考を切り替える
ズームスイッチ
「視界」を低⇔高、狭⇔広と
切り替えることによって
思考を切り替える
ゴールフォーカス
「ゴール」に立ち返り、
目的視点から現状を見る
チャンスフォーカス
ゴミ？
資源？
隠されたチャンスに目を向け、
チャンスの視点から現状を見る
リスクフォーカス
奥に潜んだリスクの
視点から現状を見る

出所：リンクアンドモチベーション

ことにつながるのだ。

このように、最後は「思考」「行動」といった自分自身の変えられる要素を、さらに具体化することで次なる一歩を明確にすることができるのだ。いわゆる目の前の仕事に対して捉えるべき「思考」や取るべき「行動」を日々実践できるまでブレイクダウンし、「仕事をスモールステップにする」ことでモチベーションの低下を防ぐのである。

上司からの手紙で期待を高める

参加する新入社員の上司には、事前に「上司からの手紙」を書いてもらう。研修の終わりに新入社員に上司からの手紙を渡すことで、「期待」を伝える。

これには、前述の「仕事の評価ポイントの多様化」と「仕事の意義付け」が直結してくる。面と向かって話すと話せないことでも、案外このように手紙という形式で、受け手の状況を配慮しながら伝えることは効果的な手法である。手紙という形式は、書くほうも人格が現れるし、受け手も組織人格として活動している自分だけではなく、個人人格としての自分も配慮してもらうことにより、全人格的にサポートしてくれる感覚を得られるものである。社内でもチャットのようなSNSコミュニケーションなどが主流になりつつある今だからこそ、じっくりと思いを伝えることができる手紙の重要性が増してきているのかもしれない。

取り組みのポイント

ここでは、「2年目リフレクション研修」の概要について説明したが、同社におけるスタートアップ期の研修は、内定者時代から3年目まで随所に設けられ、それらすべてにつながりを持たせて設計している点に特徴がある。2年目リフレクション研修でも、新入社員が内定者時代につくった「セルフミッション」を見返すことで、いま一度自分の考えを再認識し、ミッション遂行を支援できるようにしている。

取り組みの成果

2年目リフレクション研修の受講者からは、次のような声が寄せられている。

- 周りがどんな壁にぶつかっているのか、どのような思いで仕事に取り組んでいるのかを知ることができ、悩んでいるのは自分だけではないと安心できた。周囲の頑張りを知ることができ、モチベーションが上がった。
・変えられないことに気を取られ過ぎている自分にあらためて気付くことができた。
・上司からの手紙を読んで、今後も頑張ろうと思えた。自分のことをしっかりと見てくださっているからこそ、自分の良さと的確なアドバイスをいただくことができ、嬉しかった。自分が意識していた部分を「成長している」と認めていただけたので、引き続き実践していきたい。
・仕事を進めていく中で不安を感じていたことに対し、今後の進め方やアドバイスをいただき、不安が一気になくなった。

ペースメイク期（入社3〜5年目）の特徴

入社4年目を迎えたAさん。

仕事では、ある程度の成果を出せるようになってきた。親しい先輩・後輩も増えてきて、それなりに楽しい職場だ。プライベートも充実している。

しかし、最近なぜだか仕事への興味が失せてきて、物思いにふけるようになった。もう3年も働いたのだから、そろそろ次のステップに進む時期なのかな。転職サイトを覗いてみると、「第二新卒募集」の文字が飛び交っている。

目に付いたB社の求人を見てみると、まさに自分が輝けそうな仕事だった。B社で働いている自分を想像すればするほど、今の仕事がどうでもよくなってきた。

よし、転職しよう。

入社3～5年目は、Aさんのような人が一気に増える時期だ。この時期の若手社員は、仕事や職場に一定程度は慣れてきて、上司から評価されることも増え、自分なりに貢献実感を得られるようになっている。仕事そのものに直接的な不満があるわけではないのだが、どういうわけか、今までよりも仕事が面白くないと感じている。

ロケットに例えると、重力圏を突破して宇宙空間にたどり着いたものの、様々な「引力」の影響を受けてフラフラしているイメージだ。「ペースメイク」ができず、不安定になっている状態だと言える。

会社としては、戦力としての目途が立ち、将来のリーダー候補としてさらなる成長を期待する時期である。しかし、「ペースメイク期」にある若手社員は、以下の3つの「引力」の影響を受けがちだ。その結果、ペースメイクが妨げられ、退職という選択に至る人が少なくない。

入社3～5年目の若手社員のオンボーディングを設計するうえでは、ペースメイクを妨げる「引力」の存在をしっかりと認識しておかなければいけない。

Private引力

Private引力とは、個人のライフスタイル（Private）が変化したことによって生じる引力である。

入社3～5年目になると、一人暮らしを始めたり、恋人ができたり、プライベート生活が入社時とは異なる状態になる。その変化がきっかけとなり、働き方を見直すようになる若手社員は少なくない。

若手社員のプライベートに変化が起こるのは当然のことであり、上司や会社がそれを制御することはできない。むしろ、プライベートの変化を喜んであげる度量を持つことが、人生の先輩としてあるべき姿だ。ただ、若手社員の中に個人人格と組織人格が共存している以上、プライベートの変化は仕事にも影響を及ぼす。

プライベートの変化は往々にして、若手社員が「待遇」と「生活」のバランスを見直すきっかけになる。一人暮らしを始めれば、生活費のバランスを考えるようになるのはもちろん、恋人ができれば、将来設計を描くようになるだろう。このようなタイミングで「今のまま、この会社で働いていて大丈夫だろうか？」と、将来への不安を覚えるのは自然なことだ。そのような将来設計の話ではないにしても、恋人はリモートワークが許される会社で働いているが、自分はリモートワークが許可されないなどの場合においても、今の働き方が自分にとって幸せなのかどうかを考えるようになる。

個人人格における願望の変化はプライベートの変化から影響を受けることが多い。筆者自身も、少年野球のコーチを入社5年目あたりから引き受けるようになった。そうなると、日常の中においても仕事に対して割いてきた時間やエネルギーが分散されるようになる。

当時は仕事に集中したほうがいいと自分で判断したため、一定の距離感でコーチ業に携わっていたが、他のコーチなどは仕事をある程度犠牲にしても子どもたちのために力を注いでいる方もおられた。お金を貰えるわけでもないのに献身的に行動する姿勢に感服したものだ。同時に、筆者自身の働き方はこれでいいのだろうかと考えるきっかけになったのは事実だ。

若手社員のプライベートに変化を感じ取ったら、上司は細やかなケアを心がけるべきだ。昨今は、部下のプライベートに深く立ち入ることはマネジメント上のリスクになり得るが、普段の何気ない会話から耳に入る情報もあるだろう。そのような情報をスルーせず、「若手社員の心境にどのような変化が生じているのか？」、あるいは「この先、どのような影響があるだろうか？」ということに配慮しなければいけない。

Recruiting引力

Recruiting引力とは、他社の採用活動（Recruiting）を見聞きすることによって生じる引力である。

入社当初はがむしゃらに仕事に打ち込んでいた若手社員も、入社3～5年目になると、ある程度落ち着いてくる。学生時代の友人と久しぶりに会った時、仕事が充実している友人や、たくさん稼いでいる友人の話を聞き、羨ましく思うこともあるだろう。いわゆる「隣の芝生が青く見えている」状態だ。今の仕事に不満があるわけではないものの、他社の求人情報が輝いて見え、より魅力的な環境を求める気持ちが湧いてくる。他社の求人情報に心のペースが乱されるのだ。

入社して数年経つと、今後のキャリアパスをイメージし、「10年後もこんな感じなんだろうな」と想像するようになる。しかし、現実社会では、10年も経てば社内外の状況は大きく変わり、想像とはまったく違う展開になるものだ。自分の芝生が青々と茂ることもあれば、隣の芝生が枯れる可能性もある。しかし、入社して数年の若手社員にとっては、その数年が社会人人生のすべてであり、変わることをイメージしにくい。今の状況がずっと続くものだと考えてしまうため、どうしても隣の芝生に目が向いてしまうのだ。

筆者自身の経験であるが、入社4年目の頃にいわゆるスカウトを受けたことがある。ある時突然、見知らぬ番号から電話がかかってきた。「一度話を聞いてもらいたい」というので会うことにした。筆者は、リンクアンドモチベーションの中でも採用コンサルティング業務に従事していた時期でもあり、他社のリクルーティング手法に興味を持ったことがきっかけでもあった。話を聞いてみると待遇面だけでも魅力的に見えてくる。

当時はリンクアンドモチベーションで働くことに何の疑問も持っていなかったが、この時に初めて、自分は自分自身でリンクアンドモチベーションを選び取っているのだと実感した。他の選択肢があるということを認識した瞬間でもあった。

若手社員から直接、他社との待遇の違いについて愚痴をこぼされることがあるだろう。「C社の給料はこれくらいなのに、どうしてこの会社は……」と言われると、「よそはよそ！　うちはうち！」と言い返したくなるものだが、そこは口をつぐんで、若手社員の心境変化に意識を向けなければいけない。他社と待遇を比較しているということは、求人広告などの情報に触れている証拠であり、本格的に転職活動を始めると、そのような話は口にしなくなる。

そして、ある日突然、退職届を突き付けられることになるのだ。

One-pattern引力

One-pattern引力とは、今の仕事にマンネリ（One-pattern）を感じ始めることで生じる引力である。

入社して3～5年も経つと、おおよその仕事は一周し、仕事の習熟度も高まっているだろう。以前は新しい仕事に取り組むたびに刺激を感じていた若手社員も、この時期になると刺激が減ってくる。上司が「まだまだスキル開発や成長の余地がある」と考えていても、若手社員自身は「もうこの会社で学ぶことは何もない」といった思い上がった感情を抱えているケースは少なくない。いわゆる「天狗」状態で、同じペースで同じ仕事を続けていくことに疑問を覚えるようになる。

筆者自身の経験でも、ちょうどこの頃に恥ずかしながら「天狗」になっていた時期があった。自分でプロジェクトを任せてもらえるようになり、それなりに評価もされてきた。承認欲求も強かったので社内の表彰制度なども意識して活動してきたが、一定度評価されるようになるとそれすらも物足りなくなってきたのだ。飽きっぽい性格でもあったので、今のまま同じ仕事をやり続けることがつまらなくなってきたのである。その時にちょうど、新商品の開発業務など新しい役割を提示してくれた上司がいたことが、今考えれば救いであった。当時の自分にとっては難度の高い業務であり、新たな役割に没頭できた。

しかし、昨今は、難度の高い仕事を任せたり、過度なプレッシャーをかけたりした結果、若手社員がメンタルヘルスに不調をきたすと、任せた上司が責任を問われることにもなりかねない。そうならないように、若手社員にチャレンジングな仕事を与えにくくなっている風潮がある。しかし、「ゆるい職場」という言葉も生まれているように、失敗しにくい単調な業務ばかりを任せていると、One-pattern引力はどんどん強くなっていく。特に、仕事ができる優秀な若手社員ほど、One-pattern引力の影響を受けやすい。

Z世代の中にも、当然ながら成長意欲が旺盛である人は多いし、そういう人は会社においても重宝がられる存在である。会社側は若手社員に配慮しているつもりでも、若手社員側は成長の機会が奪われていると感じている。実際に、「職場がホワイトすぎて辞めたい」「仕事がゆるすぎて辞めたい」というZ世代の声は多い。

若手社員が「マンネリ」を訴えてきた時、上司としては「まだまだ面白い仕事はあるぞ」と言いたくなるものだが、その言葉はZ世代には響かない。なぜなら、Z世代は「もっと面白い仕事がしたい」と思っているわけではなく、「このままでは自分のキャリアが危ない」と思っているからだ。このような食い違いを埋めていかないと、若手社員はOne-pattern引力に引っ張られて離職してしまうだろう。

3つの引力への対応策

ある程度、仕事に慣れ、自分なりの社会人像が見えてくるペースメイク期。一方で、心の中には様々な引力が生まれており、「このまま、ここで仕事を続けていっていいのだろうか……」と、心が揺れ動いている。しかし、会社や上司が直接的に引力を制御するのは難しい。特に、プライベートでの変化や転職を視野に入れた情報収集は個人の自由である。

会社や上司にできることは、引力に引っ張られない若手社員を育成することだ。一般的に、会社への所属意識が低い若手社員ほど、簡単に引力に引っ張られてしまう傾向がある。

3~5年目の若手社員は、もう見習いの時期ではない。見習いマインドから脱却し、組織の一員としての責任感を持ってもらわなければいけない。ひと言で言えば、プロフェッショナル化を促すということだ。

筆者は、「Private引力」「Recruiting引力」「One-pattern

引力」の頭文字を取って「PRO化」と呼んでいる。ここで、若手社員のプロフェッショナル化（PRO化）を促すための3つのアプローチ方法について解説していこう。

アプローチ①：評価を客観視させる

日々の仕事に忙殺されていると、自分自身を客観視することができなくなってくる。本当は成長しているのに、「まだまだ力が足りない」と自分を卑下している若手社員もいるだろう。逆に、まだまだ成長の余地があるにもかかわらず、「もう学べることはない」と慢心している若手社員もいる。いずれも、「自己認知」と「他者認知」にギャップがある状態だ。

自己認知と他者認知のギャップを可視化すると、図表6－5のようなフレームになる。自己認知としてメンバー自身は仕事を「できると思っている」「できないと思っている」という軸と、他者認知として上司から見ると仕事が「できると思っている」「できないと思っている」という2軸でマトリクス化してみる。そうすると、アプローチの方法が見えてくる。両者とも「できると思っている」のであれば、上司はメンバーを見守っていればいい。両者とも「できないと思っている」のであれば、やり方を教えてあげればいい。厄介なのは、上司は「できると思っている」もののメンバーが「できないと思っている」場合や、上司が「で

図表6-5　変えられるもの vs. 変えられないもの

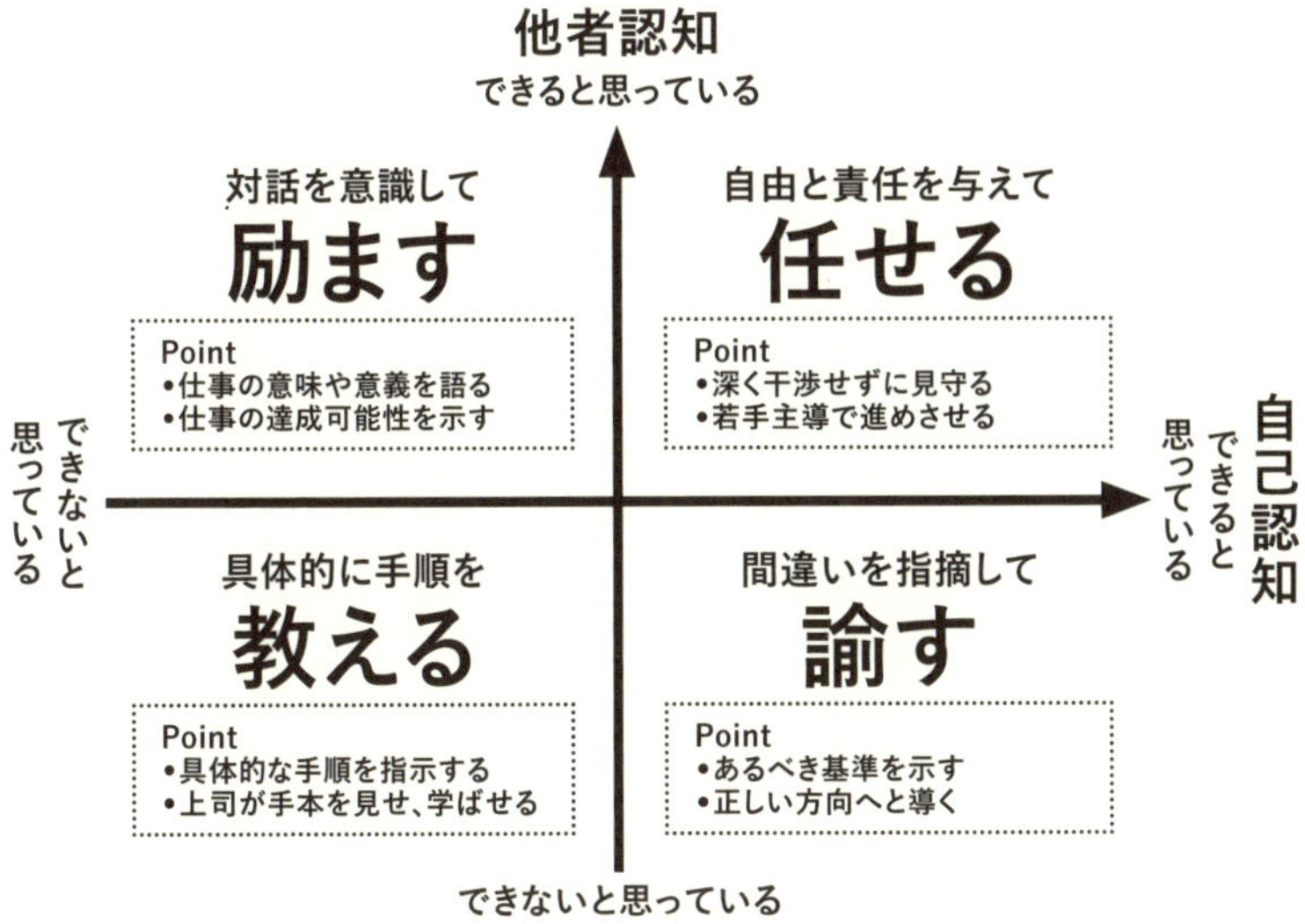

出所：リンクアンドモチベーション

きないと思っている」もののメンバーが「できると思っている」場合である。前者の場合は「励ます」アプローチが必要であり、後者の場合は「諭す」アプローチが必要となる。

One-pattern引力に引っ張られないようにするためには、このようなギャップを直視し、自分がやるべきことや改善すべきことを認識してもらう必要がある。そうすることで、もうひと回り成長し、PRO化への道が見えてくるはずだ。そのため、上司には、部下に自己認知と他者認知のギャップを説明したうえで、諭したり励ましたりする力量が求められる。

ただし、上司・部下間の関係性ができていなければ、ギャップを示したところで受け入れてもらえない。普段からスムーズに対話ができる信頼関係を構築しておくことが大前提になってくる。

とはいえ、この時期の若手社員は上司の言葉を素直に受け入れられないこともある。そのような時は、「360度サーベイ」を使うのが効果的だ。一人の上司の意見は、その上司の主観に左右されるため、どうしても部下側の納得感は低くなる。だが、360度サーベイを使って複数人の意見をフレームに沿って伝えれば、納得感を高めることができる。

ここで重要なのが、単にサーベイの結果を示すだけでなく、結果をもとに若手社員と対話を重ねることだ。そうすることで、自己認知と他者認知のギャップがより鮮明なものになり、部下側も受け入れやすくなるはずだ。

アプローチ②：スキルの棚卸しをさせる

毎日、同じ業務を続けている若手社員は、「このまま、今の仕事を続けていても別の部署や他の会社では通用しないのではないか……」といった焦りに襲われることがあるはずだ。専門性が求められる業務であるほど、転用可能性の低さを感じることがあるだろう。そんな時、自分のスキルの棚卸しをしてみると、多くの若手社員は対話スキルや思考スキルなど、他の仕事でも通用するスキルが身に付いていることに気付く。

営業として活躍していたが、人事に異動になり採用担当になった若手社員がいたとする。その若手社員は心の中で「営業として圧倒的な成果を上げたい」と思っていたため、異動には不服であった。しかし、採用活動において学生の入社意思決定を促す中で、これは営業活動で必要なスキルと同じであるとふと気付くのである。その時に、自分には相手の本音を傾聴する力や、感化し意思決定を促すスキルといった汎用的なスキルが身に付いていることを実感するのである。

ＰＲＯとして自信を持って働いてもらうためには、若手社員に自分のスキルを棚卸しし、そのスキルが今後のキャリアにどのように活かされていくのかを再確認してもらうことが大切だ。加えて、今後の仕事で習得できるスキルを明示することで、自分自身の市場価値の高め方も見えてくるだろう。そうすることで、Ｐｒｉｖａｔｅ引力やＲｅｃｒｕｉｔｉｎｇ引力に引っ張られそうな時も、この仕事を継続するメリットを感じてもらいやすくなるであろう。

この時、研修など、自分のスキルを棚卸しする機会を強制的に設けるのも１つの手だ。入社してから現在までを振り返り、習得したスキルを整理する。会社から求められていることに対し、自分のスキルをどう活かしていくか、どう伸ばしていくかを考える。このようなコンテンツを含んだ研修は効果的なものになるだろう。研修は、社外から講師を招き、社内だけでなく労働市場においても価値が高まっていくことを示せるとなおいい。上司としては、これまでの成長を承認し、さらなる成長への期待を示していくことが重要だ。

アプローチ③：責任ある仕事を任せる

人が飛躍的な成長を遂げる時、バネになるのは、成功体験よりも失敗体験だ。成功体験だけでPROになれる人など、どこを探してもいないはずだ。そのため、多少ストレッチしなければ完遂できないような、責任ある仕事を任せることが重要になってくる。

また、前述した「ゆるい職場」では、会社の人材アセット（人材を資産の視点で捉えた際の強み）が徐々に蝕《むしば》まれていく。こうした状態になるのを避けるためにも、若手社員に責任ある仕事を任せていくことは重要である。

責任ある仕事を任せる時に注意したいのが、タイミングだ。若手社員がある程度、自信をつけて、少々慢心している頃がいいだろう。このタイミングを間違えると、自信を喪失させ、追い込んでしまう可能性もあるため、上司には、若手社員の状態やスキルレベルを的確に見極める眼が求められる。

責任ある仕事を任せたのであれば、失敗も覚悟しておかなければいけない。大事なのは若手社員に「失敗させないこと」ではなく、若手社員を「成長させること」だ。上司には、「失敗をリカバーする技量」「失敗を許容できる胆力」「失敗から気付きを与える指導力」が求められる。特に、長期的な不況が続く中で育ったZ世代は保守的で、「失敗したくない」と考える人が多い。それだけに、上司の「失敗マネジメント」技術は、非常に重要な技術になってくるはずだ。

ペースメイク期のまとめ

以上が、入社3～5年目の若手社員が陥りやすい症例とその対応策である。「Private引力」「Recruiting引力」「One-pattern引力」という、ペースメイクを阻害する3つの引力を押さえたうえで、それぞれの頭文字を取った「PRO化」を意識したオンボーディングを実践していただきたい。

この時期は、個人人格と組織人格がある程度、適切にチューニングできるようになってき

図表 6-6 ペースメイク期の離職要因(PRO)とアプローチ方法

・離職要因

P rivate引力 … プライベートの変化をきっかけに今の待遇と生活のバランスを見直すようになる。

R ecruiting引力 … 仕事もいったん落ち着いてきて、現在の仕事に不満はないがより魅力的な環境を求める心が生まれてくる。

O ne-pattern引力 … ひと通りの仕事のサイクルを経験し、新しい仕事からの刺激も減り、「もうここで学ぶことはない」という感情が生まれてくる。

・アプローチ方法(「PRO化」)

① 評価を客観視させる

部下に自己認知と他者認知のギャップを示し、
諭したり励ましたりする(→360度サーベイが有効)

② スキルの棚卸しをさせる

若手社員に自分の市場価値を再確認してもらう
(→研修にて自分のスキルを棚卸しする機会を設ける)

③ 責任ある仕事を任せる

タイミングに注意して責任ある仕事を任せていく
(→あらかじめ失敗も覚悟しておく)

出所:筆者作成

た時期である。だからこそ油断してはならない。初期段階のチューニングが一定程度できるようになってきただけなのだ。ちょっとした環境の変化によってすぐにチューニングが崩れていく。それを防ぐには、メンバーの状況や心境変化を細かく把握し、次なる方向性を示し、新たな役割を任せていく勇気が求められる。

山本五十六の名言「やってみせ、言って聞かせて、させてみて、ほめてやらねば、人は動かじ」には続きがある。「話し合い、耳を傾け、承認し、任せてやらねば、人は育たず」――。これも、ペースメイク期の部下を持つマネジャーには、折に触れて立ち返ってもらいたい金言だ。

企業実例

ペースメイク期

鹿島建設株式会社

引力に引っ張られず、自分のキャリアを切り開く研修

鹿島建設株式会社は、総合建設業を営む企業である。創業は1840年と長い歴史を持っており、現在は建物を造る建築事業、土木構造物を造る土木事業のほか、不動産開発や設計・エンジニアリングなど、世界中で事業を展開している。

同社は、企画から設計、施工、建物竣工後の管理に至るまで、すべてのフェーズの専門家が連携するグループの総合力を強みとして今日まで成長を遂げてきた。また、デジタル化が遅れていると言われる建設業界において、2020年にデジタルトランスフォーメーション（DX銘柄）に選定されるなど、DX化を強力に推し進めている企業としても知られている。

同社は、中期経営計画において「多様な人材が集まる自由闊達な組織にしていこう」という方針を掲げている。この方針を実現するため、「全部門共通で、13年かけて新入社員を一人前の鹿島社員にしていこう」という育成計画をスタートしている。多岐にわたる知識・技

術の習得が求められる業界といえども、13年という長期スパンで新入社員の育成計画を立てている企業は多くはない。知識だけでなく経験も含め、ジョブローテーションを行いながら13年の育成計画を実践しているのは、同社の大きな特徴だと言えるだろう。

抱えていた課題

しかしながら、13年にわたる育成計画を実行するうえで1つの課題が生じていた。それが、事務系総合職の育成である。同社の事務系総合職は様々なステークホルダーと関わることから、「周囲をうまく巻き込んで、牽引できる人材」への成長を期待されていた。しかし、育成計画の中で行われる各種の研修が線でつながっていないことにより、事務系総合職として求められる共通のスタンスが醸成されていなかった。

また、同社の事務系総合職は5年次に居住地が変わる「支店間ローテーション」という人事異動があるが、新しい土地・職場での人間関係や担当業務に対してネガティブ思考に傾いてしまう社員も少なくなかった。特に、異動先の希望が叶わなかった社員には、ネガティブな傾向が強く出ていた。

運営側も、その時々で試行錯誤しながら研修を実施していたが、コロナ禍になると研修の方針や実施方法を変えざるを得なかったり、若手社員の価値観の多様化もあったりして、「軸」が定まらないまま研修を行っていた。それゆえ、研修の成果も実感できていなかった。

自身のキャリアと成長に向き合う研修を実施

こうした課題を解決するため、同社はリンクアンドモチベーション支援のもと、「環境変化に負けず、自分のキャリアを切り開くこと」をテーマにした「コロンブスアイカンパニー研修」をスタートさせた。

本研修では、入社3~5年目の若手社員4~5名を1つのグループとして、事前に実施する360度サーベイの結果を活用しながら、1日かけて自身のキャリアと成長に向き合っていく。研修受講後の若手社員のあるべき姿として、次のような目標設定を行った。

- キャリアデザインを自分事として認識している。
- 将来に対する漠然とした不安が薄れ、目の前の業務から「やりたいこと、やれること、やるべきこと」の種を探そうとしている。
- 現場で上司と連携しながら、自身のキャリアについて深めていく意志が芽生えている。

コロンブスアイカンパニー研修は、大きく3つのプログラムで構成されている。

プログラム1

1つ目のプログラムが、「キャリアデザインの必要性の理解」だ。ポイントは、自己特性を言語化することである。

この際に、土台として伝える考え方が「アイカンパニー」だ。企業が生き残りをかけて戦略立案や商品力強化などで市場優位性を模索するように、個人の成長もまた、一人ひとりが「いかに選ばれ続けるプロフェッショナルになれるか」が重要になる。そのことを「アイカンパニー（自分株式会社）」というメタファーを使って理解してもらう。企業と同じように、個人も「自分株式会社」を設立し、個人として市場優位性を発掘していくことの重要性を伝えるプログラムだ。

アイカンパニーの考え方では、個人が置かれている環境を以下のように定義している。

- 市場：業界、所属企業
- 顧客：取引先、上司

・競合：同僚、他のビジネスパーソン

こうした環境において個人として選ばれ続けるためには、次の3つの観点を踏まえて、アイカンパニーの「経営戦略」を立案する必要がある。

・経営理念（やりたいこと）：経営上、決して外すことができない大切な価値・こだわりは何か？
・市場ニーズ（やるべきこと）：市場や顧客から期待されていることは何か？
・技術力（やれること）：過去の経験から獲得したスキルは何か？

この3つの観点が重なり合うところに、「引力」に引っ張られることのない個人としてのビジョン（経営目標）が生まれるのだ。アイカンパニーの経営者として、個人は、常に周囲の期待や自身の志やこだわり、スキルをアップデートしていかなければならない。

これは、前述の「スキルの棚卸作業」である。自分自身を1つの価値創出体とみなすアイカンパニーの概念を用いて、自分を取り巻くステークホルダーとの関係性の中で培われてきた自分自身のスキルや、自分が置かれている現状を俯瞰的に見定める作業である。One-

図表6-7 アイカンパニー（自分株式会社）の考え方

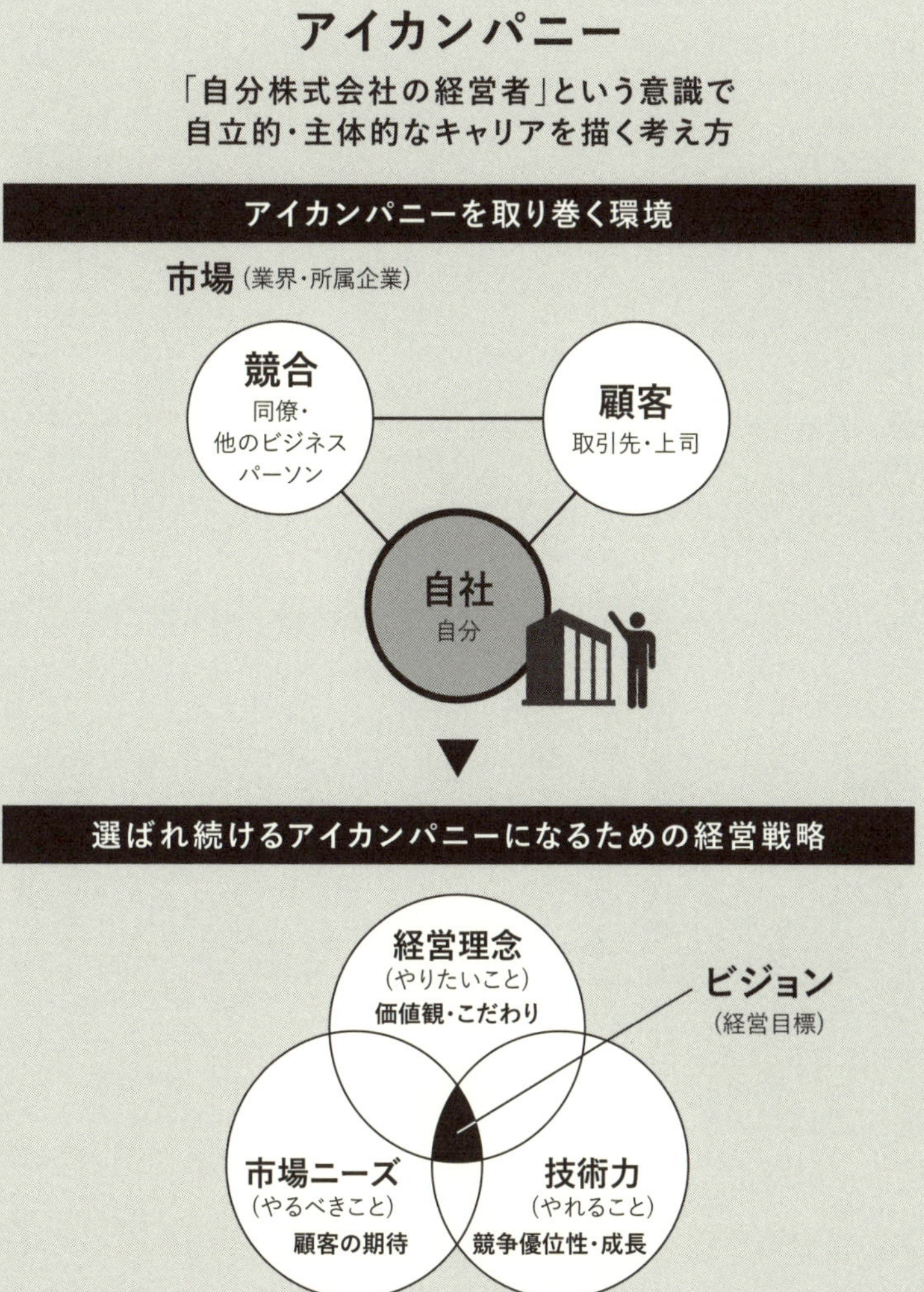

出所：リンクアンドモチベーション

pattern引力に引っ張られやすい状況において、これまでのアイカンパニーとしての社史を振り返ることで、今ある自分というものが当たり前であると思わせない働きかけが重要なのだ。

プログラム2

2つ目のプログラムでは「現状のアイカンパニー理解」を行う。ポイントは、定量情報と定性情報の両側面から、自身の状況を相対的に捉えることだ。

このプログラムで活用するのが「360度サーベイ」である。研修前に、仕事への自分の姿勢やスキルなどについて、上司や同僚から5段階で評価してもらう。このサーベイの結果に向き合うことで、自身が発揮している組織人格としての「役割演技力」を定量的に把握することができる。さらに、研修グループにおいて相互にアドバイスをし合うことで、自分自身の価値観や特性を言語化していく。

360度サーベイに加え、「上司からの手紙」というコンテンツもある。普段から、若手社員を最も見ている上司に「手紙」を書いてもらい、それを研修時に渡す。日頃は、業務の遂行状況の確認や支援など、短期目線でのコミュニケーションが多くなりやすいからこそ、上司からの手紙では、本人の長期的な成長を期待する言葉を書いてもらう。

2つ目のプログラムの取り組みに共通しているのは、他者からの期待に触れることである。これはまさに「評価を客観視させる」活動に通じる。この時期になると、仕事に対する慣れからくる慢心がある。日々の上司・部下の関係性からのフィードバックではそこまで響かない言葉であっても、360度サーベイのように多くの関係者から、定量的にフィードバックを受けると、客観的に自分自身を見つめなおさざるを得ない。そして手紙のように、じっくりとメンバーのことを考えて書く場合は、組織人格としての役割演技に対する指摘ではなく、そのメンバーのキャリアを踏まえて全人格的にフィードバックすることが自然と求められる。上司としてもそのメンバーを見つめなおす良い機会になるであろう。

プログラム3

3つ目のプログラムでは、「アイカンパニーのビジョン策定」を行う。ここまでのプログラムで把握した自己特性を踏まえ、これから目指すビジョンを策定してもらう。研修グループ内でお互いにアドバイスをし合いながら、自分だけでは決められない高い基準でビジョンを策定する。研修後は、策定したビジョンをそれぞれの職場に持ち帰り、同僚や上司とともに自身のキャリアを深めていく。

これは、「責任ある仕事を任せる」ための心構えの機会になる。高い基準でビジョンを策定してもらうためには、今の仕事にとどまらないスキルや、今の関係性にとどまらない役割も想起してもらわざるを得ない。今の延長線上にない自分を描いてもらうことで、責任ある仕事を任せるための準備ができるのである。

取り組みのポイント

同社の取り組みにおいて特筆すべき点は、同一の人事担当者が、採用から育成まで「一貫性」を持って取り組みを行っていることである。従来、同社では採用担当と研修担当は別にしていたが、2021年から兼務体制に変更した。その結果、採用段階から「自分が採用に携わった新入社員が、この後、どのように成長していくのだろう？」と気にするようになり、「この会社を通して豊かな人生を送ってもらいたい」という思いが強まったと言う。

人事担当者のこうした姿勢は、研修に携わる現場の上司にも伝わるものだ。上司からの手紙を見ても、「この会社で成長してもらいたい」という思いを込めて書かれていることがよく分かる。若手社員の成長に対して、人事と現場が一丸となってコミットできている好事例だと言えるだろう。

取り組みの成果

コロンブスアイカンパニー研修は、講義だけでなく、対話を重視した研修だからこそ、受講者同士で多くの気付きが得られ、内省を深めることができた。受講した若手社員は、部署や業務特性にかかわらず社会人として不可欠な考え方や共通のスタンスを身に付け、成長の土台をつくることができてきている。4～5年次で控える部署異動という環境変化に負けず、自身のキャリアを切り開いてくれるだろうという手応えが得られた研修となった。

ギアチェンジ期（入社5～7年目）の「あるある」とは？

入社7年目を迎えたDさん。

仕事では、周りから指示されることよりも、周りに指示をすることのほうが増えてきた。大型顧客も担当しており、部署では中心的な役割と責任を担うようになった。今の仕事に大きな不満はなく、慣れ親しんだ組織に居心地の良さも感じている。

ただ、30代を目前にして、「このままでいいのか」という漠然とした不安が頭をもたげる。同期も、半分くらいは転職した。

たまに集まって飲む機会があるが、みんなそれなりに楽しくやっているようだ。自分自身も結婚して、子どもも生まれた。今の生活には満足しているが、今後さらにお金がかかってくるのは間違いない。

このまま働いていれば、そろそろ管理職に登用されるだろう。だが、名ばかりの管理職を見ていると、「管理職ってどうなんだろう」と不安になる。

管理職になるより、営業の仕事をもっと極めていきたいという気持ちもある。他の会社で自分を試してみたいという気持ちもある。30代になると、転職が難しくなることは知っている。今が、ラストチャンスなのではないだろうか……。

よし、転職しよう。

入社5~7年目は、Dさんのような人が増えてくる。この時期の若手社員は、仕事が軌道に乗っている人が多い。自律的に仕事ができており、ある程度の責任を負い、役割を任せられるようになっている時期だ。同時に、管理職候補としてキャリアの選択を迫られやすい時期でもある。しかし、管理職など新しい役割に身を投じたいかと言われると、素直に首を縦には振れない。今の会社で働き続けるのか、新たな可能性を探るのかという選択に迫られ、悩んでいる。「ギアチェンジ」ができずに、立ち止まっている状態だと言えるだろう。

会社にとって、次期管理職として期待をかけている若手社員が離職してしまうのは、大きな損失だ。入社5～7年目の若手社員のオンボーディングを設計するうえでは、ギアチェンジを妨げる「不安」の存在をしっかりと認識しておかなければいけない。

Management不安

入社5～7年目の若手社員は、管理職としてのキャリアパスが見えているが、管理職としてさらに会社にコミットすることに不安を感じている。直接顧客と向き合ったり、集中して開発に取り組んだりできる今の仕事が好きな若手社員は少なくない。管理職になれば、これまでと同じように仕事をすることができなくなるため、その役割を楽しめるのだろうかと不安になるのも、ある意味、当然のことだと言えよう。

さらに、管理職の仕事が複雑性を増していることが、この不安に拍車をかける。会社と部下との間で板挟みになる管理職という役割が、従来よりも一層複雑になっていることを若手社員も理解しており、管理職の魅力は薄れてきている。Z世代の特徴の1つとしてもよく言われることだが、管理職になりたがらない若手社員が増えていることは、様々な調査で明らかになっている。

また、管理職になると組織人格としてのさらなるコミットが求められるため、やすやすと転職できなくなる。「本当にこの会社にフルコミットしていいのだろうか」「35歳を超えると転職しにくくなる」「30歳を目前にした今が転職のラストチャンスではないか」といった考えが頭の中でリフレインし、自分のキャリアを考え直すようになるのだ。

上司としては、部下に管理職などの責任ある役割を任せようとして拒否された時、「残念な部下だ」で終わらせてはいけない。今の時代、偉くなることは良いことだと一元的に決め付けることはできない。まずは部下と対話し、今の仕事の満足度や自社の管理職に対するイメージを把握したい。そして、その情報をもとに、部下のキャリア願望がどこにあるのかを丁寧に確認していくことが大切だ。

Governance不安

一般的に、「ガバナンス」と言ったら企業における統治・管理のことだが、ここで言うガバナンスは個人の生活における統治・管理のことである。特に、結婚している若手社員は家族を統治・管理していく必要があり、子どもが生まれたら新たな管理体制をつくらなければいけない。

仕事でチームを任されるようになると責任が増し、自由に動ける時間は減ってくる。その結果、ライフスタイルとビジネススタイルの辻褄《つじつま》合わせが難しくなるケースは少なくない。ガバナンスがしっかりできていないと、心身ともに疲弊し、「このまま今の生活を続けられるのか」といった不安に苛まれるようになる。

また、家庭の将来設計も考えていかなければならない。子どもが生まれたら教育費がかかってくるし、家族が増えたら住む場所も見直す必要があるだろう。当然、これまで以上にお金が必要になる。だが、会社によっては、管理職になってもそれほど待遇が変わらないところもある。このまま会社にとどまっても、給料の限界が見えていたら……。他の会社からもっと魅力的な給料を提示されたら……。「会社を去る」という決断をする若手社員がいても不思議ではない。

部下から、金銭面の不安をこぼされるケースもあるだろう。上司からしたら「自分も若い頃は同じ待遇で何とかやってきた」と思うかもしれないが、金銭事情は家庭によって異なる。

「何とかなるよ」で片付けず、部下の将来設計をきちんと確認することが大切だ。人生の先輩としてアドバイスできることもあるだろうし、自分が力になれなければ、他の人に相談に乗ってもらってもいい。若手社員のGovernance不安をスルーしていると、ある日突然「退職届」を突き付けられるかもしれない。

Role-model不安

入社5～7年目になると、社内の「力学」が分かるようになってくる。具体的には、「ロールモデルとしてどのような人が評価されるのか（または、評価されないのか）」「誰が力を持っていて、どう立ち振る舞えば偉くなれるのか」といったことだ。

組織というものは「感情の集合体」でもあり、偉くなるためには、「誰に好かれたら得か？」などのいわゆる社内政治に参加しなければならない場合もある。その時に、若手社員は、「そこまでして自分は偉くなりたいのか？」という疑問を抱える状態になる。「会社で自分がやりたいことを実現するためには、社内政治も必要だ」と考える上司は多いだろう。しかし、ギアチェンジしてまでやりたいことを、見いだせていない若手社員もいる。なぜなら、自分より上の役割の人たちの仕事が魅力的に見えていないからだ。

若手社員にとって、「自分のキャリアの理想像となる上司がいない」という不安もある。自分が管理職になることをイメージする際、「管理職の人たちはプライベートを犠牲にしているようだ」「上司は、責任を回避してうまく立ち回っているようにしか見えない」など、断片的なマイナス情報が目に付きやすくなる。また、ある程度の間、同じ業界で働いていると、理想の上司像を他社の人に見いだすこともあるはずだ。

若手社員から「この会社でやりたいことが見えない」といった相談を受けたことがある上司は多いだろう。これまで「やるべきこと」をしっかりとやってきた若手社員からこのような相談を受けたら、理解するのにも時間がかかるだろう。この先も会社から求められる「やるべきこと」を実行することこそが、「やりたいこと」を実現する道だと思うかもしれない。しかし、それは「やるべきことをやっている人」がロールモデルになっている場合だけである。若手社員は、「やりたいこと」が見えないのではなく、「なりたい姿」が見えないのだ。

3つの不安への対応策

入社5～7年目は、自分をギアチェンジして、会社へのコミットメントをさらに高める時期である。だからこそ、若手社員が不安を感じやすい時期にもなりうる。「今後も、この会社に身を投じ続けるかどうか?」——まさに、就職した時と同じ決断を迫られている状況なのだ。

会社に対して愛着があり、会社の方針や将来に強い期待を感じている若手社員は、このような不安は持たない。しかし、前述したとおり、様々な調査から「管理職になりたくない若手社員が増えている」ことは事実である。Z世代を中心に、管理職というキャリアに不安を抱える若手社員が増えていることを忘れてはならない。

このような若手社員を定着へと導くためには、見えない将来に不安を抱えている状況から脱却させる必要がある。そこで重要になるのが、擬似的にでも「マネジャーとしての経験」を積んでもらうことだ。

筆者は、「Management不安」「Governance不安」「Role-model不安」の頭文字を取って「MGR経験」と呼んでいる。「MGR」は、マネジャーの略称でもある。若手社員にMGR経験を積んでもらう3つのアプローチ方法について解説していこう。

アプローチ①：役割と権限を与える

ＭＧＲ経験の一歩目として、「動かされる側」から「動かす側」になるような役割と権限を与えるのがポイントだ。営業であれば、単に数字目標だけを追いかけるのではなく、新人の育成や目標達成にも一部の責任を持ってもらうことが考えられる。開発に専念していた若手社員に、会議の運営を任せてみるのもいいだろう。経理でルーティン作業に追われているメンバーを、業務効率化プロジェクトのリーダーにするのも1つの手だ。

成長中のベンチャー企業であれば、一人で何役も担い「動かす側」にまわることもあるだろう。しかし、成熟した企業の場合、管理職になるまで「動かされる側」ということもあり得るので、意図的に役割を設定することが大切だ。

役割を与えたら、同時に権限も渡さなければいけない。上司が細かく口を出していたら、結局、「動かされる側」としての役割が増えただけになってしまうからだ。また、任せる時は、部下の力量と与える役割のバランスに配慮しなければうまくいかない。部下の視座や力量によって与える役割をどのようにコントロールするかは、上司の腕の見せどころだ。

役割や権限を付与する際は、チームメンバーを持たせることも検討してほしい。加えて、擬似的にメンバーを評価する機会を与えるのもいいだろう。自ら組織人格で人を評価することで、あらためて会社の方針や求められる行動を理解することができるものだ。また、人を評価することの難しさや怖さを実感することで、管理職という役割に対する見方が変わるかもしれない。

アプローチ②：社内ネットワークを広げさせる

管理職になると、他部署との調整など、これまでとは異なる人間関係が生まれる。一般的に、自部署内で人間関係が閉じている人ほど、管理職になることへの不安が大きい傾向にある。また、自部署内で閉じている人ほど、ロールモデルになる人を見いだしにくくなる。

社内ネットワークは、不安のセーフティネットになる。他部署の管理職や他部署で活躍しているメンバーと部下をつなげてあげることも、上司の重要な役割だと認識しなければいけない。部門間連携が必要なプロジェクトに部下をアサインするのも、有効な手だてになるだろう。

また、組織横断でリーダー研修などを行うのもおすすめだ。同世代の若手社員を集め、グループをミックスして研修を行うことで、社内の人間関係を広げる機会になる。広がった人間関係を継続できるよう、なるべく一過性ではない研修コンテンツを設計したい。

アプローチ③：決断経験を積ませる

入社する時、誰もが「この会社で頑張ろう」と決断するが、これは個人人格での決断である。ギアチェンジ期の若手社員にとって大切なことは、組織人格で決断する機会を提供することだ。

ビジネスには正解がなく、どんな意思決定にもメリットとデメリットが存在する。決断したら、それを正解にするべく努力し、行動していくしかないのだ。どんな会社にも、会社が下した決断のデメリットだけを並べ立てて愚痴を言う「評論家」がいるものだが、上司は部下を評論家にしてはいけない。そのためには、自ら決断を下す経験を積ませることが重要だ。もちろん、会社の命運を左右するような決断を任せることはできないが、部署で責任を取れる範囲の決断であれば、若手社員に任せてみてもいいだろう。決断の先には、それを正解にしようと努力する若手社員がいるはずだ。

実際の業務において決断の機会が少ないのであれば、擬似的に決断させる機会を設けるのがおすすめだ。新規事業の提案や、売上が低迷している商品のリバイバルプラン作成など、ビジネスコンテストのような企画で、若手社員に決断を任せる会社は多くある。「次世代をつくるのは君たちだ」という期待をうまく織り交ぜて、決断の機会を提供していきたい。

図表 6-8　ギアチェンジ期の離職要因（MGR）とアプローチ方法

・離職要因

Management不安	…	管理職の仕事は複雑そうで、自分の行動に制限がかかってしまうため、さらに会社へコミットすることに不安を抱いている。
Governance不安	…	子どもが生まれることなどでライフスタイルと仕事の辻褄合わせが難しくなり、このまま今の生活が続けられるか不安になる。
Role-model不安	…	会社でやりたいこともそれほど見いだせず、会社にコミットすることを想定すると上司の断片的なマイナスの情報ばかり目に入る。

・アプローチ方法（「MGR経験」）

① 役割と権限を与える

「動かされる側」から「動かす側」になるような役割と権限を与える（→チームメンバーを持たせることも検討）

② 社内ネットワークを広げさせる

他部署の管理職や他部署で活躍しているメンバーと本人をつなげてあげる（→組織横断のリーダー研修など）

③ 決断経験を積ませる

擬似的に決断させる機会を設ける
（→ビジネスコンテストのような企画を行う）

出所：筆者作成

ギアチェンジ期のまとめ

以上が、入社5〜7年目の若手社員が陥りやすい症例とその対応策である。「Management不安」「Governance不安」「Role-model不安」という、ギアチェンジを妨げる3つの不安を認識したうえで、それぞれの頭文字を取った「MGR経験」を意識したオンボーディングを実践していただきたい。

個人人格と組織人格が適切にチューニングできるようになった先に求められることは、組織人格を磨いていきながら、個人人格としての器を広げていくことだ。個人として人生をどのように生きていくかに責任を持ち、社会に対してどのような貢献を果たしていくかを説明できる自分でなければ、良い管理職になることはできない。マネジャーになるということは、評価者や指導者として、人の人生にも責任を持つようになることでもある。

若手社員にマネジャー経験を積ませる目的は、会社の未来を背負う社員へと成長してもらうためである。そのためには、責任ある仕事や役割を任せることで、この会社に再度コミットすると腹をくくってもらい、組織人格としての決断経験を通じて、さらに自分自身を成長させていくのを見守り続けることが大切である。

ギアチェンジ期の部下を抱えるマネジャーにも、山本五十六の言葉の続きを贈りたい。「やっている、姿を感謝で見守って、信頼せねば、人は実らず」――。メンバーを実らせてこそのオンボーディングである。5～7年目で実りの時期を迎えたメンバーは、長く会社に定着し、会社に価値を提供してくれるだろう。

企業実例

ギアチェンジ期

株式会社リンクアンドモチベーション

次世代幹部を育成する「TOP GUN SELECTION」

株式会社リンクアンドモチベーションは、世界で初めてモチベーションを主軸に据えた人事コンサルティング会社として2000年に設立された企業である。従業員エンゲージメント状態を診断する「モチベーションクラウド」に加えて、採用・育成・制度・風土のコンサルティングをワンストップで提供している。グループ会社において、IR（投資家向け広報）

支援事業、キャリアスクール事業や学習塾事業、ＡＬＴ（外国語指導助手）配置事業や人材紹介事業なども展開しており、独自のポジションで業界に影響力を与えている。

人的資本経営がトレンドになる以前から、「人材こそが最大・最強の資本である」を旗印に自社の組織創りに徹底的に注力していた。言行一致の経営を目指して展開しており、国際標準化機構（ＩＳＯ）が発表した人的資本に関する情報開示のガイドラインＩＳＯ３０４１４の認証をアジアで初めて取得している。

抱えていた課題

事業が拡大・多角化していく中で、管理職層のスキルアップが求められていた。また創業から20年以上が経過しており、長期的な視点での次世代の経営人材の育成もサステナブルな経営においては重要なテーマとなっていた。創業期の頃は、急拡大を遂げる中で若い層にもマネジメントの機会を任せざるを得なかったが、上場し、社会的責任も増していく中で、ギアチェンジ期となる30歳前後のメンバーに対して、マネジメント的視座を与える機会も減少していた。マネジメント視点を獲得する機会を意図的につくり出し、管理職層候補のレベルアップを図ることを検討していた。

こうした課題を解決すべく、同社はミッション実現への影響力を持つ経営人材育成を目的に選抜型の育成プログラムを実施した。男女問わず次世代幹部候補として選抜した社員を対象に、上位階層の視点で考える機会とするもので、具体的には、「経営層への提案」と、グループ代表による「サーベイフィードバック研修」の2本立てである。

経営層への提案

選抜された人に数カ月の期間を与えて、「部門長の立場で事業企画を立案する」「経営陣になったつもりで投資家にプレゼンをする」といったプログラムである。通常業務から強制的に視座を引き上げさせ、普段とは異なる立場から考えてもらうことで、自分自身の殻を破るきっかけとなることを目的としている。視座を引き上げるには、考える時間軸と空間軸を大きく飛ばしてもらう必要がある。今よりも2階層以上アップした立場でテーマを考えることで、現在の自分の業務も俯瞰的に見ることができ、実際の業務判断にも大きく役立つ結果となる。

サーベイフィードバック研修

360度サーベイをもとに、自分自身の成長課題を見つけていくのであるが、ここでの特徴はグループ代表による直接のフィードバックがあることである。その中での問答を通じて、トップがどのように判断してきて今の状態に至っているのか、その際にはどのような葛藤があったのかなどを直接聞くことができる。また通常では現在の業務に対してのネクストアクションを見いだすことが目的となっているが、この研修のゴールは、次世代経営人材になるために長期的に身に付けるべき課題などが提示されていく。結果として、30代以降の自分自身の成長指針とすることもできる。

戦略的配置換え

研修以外にも、多角的な視点を学ぶことを目的とした戦略的な配置換えを実施している。経営層には専門性が求められるが、それ以上に重要なのが「多角的な視点」である。1つの物事を様々な視点から見ることで、葛藤が生まれる。同社では、次世代経営層候補の管理職を30前後でグループ会社の経営者に抜擢したり、これまで経験してこなかった部署に異動させたりしている。あえて、その人の持っている専門性が通用しない環境に身を置くことで、様々な葛藤を経験させ、多角的な視点を養うことができるのだ。結果として事業創りや組織創りの実務経験を積み重ねることで、次世代の経営人材の育成機会となっている。

取り組みの成果

この取り組みを始めて約4年になるが、実際にこのメンバーの中から次世代を担う人材が育ちつつある。具体的には、それまで役員が一人で10近い複数の事業部を管掌していたが、それらの事業部を再整理して事業領域に分け、次世代の経営メンバーが領域長としてより広い範囲でマネジメントを任せられるようになった。結果として組織の分化も進み、20代の子会社社長や30代前半の事業部長も誕生している。成果はこれからだが、次世代を担わんとする多くの社員の存在は、経営にとって大きな安心材料の1つであることは間違いない。

第7章

企業と個人の相互繁栄に向けて

ここまで、Z世代のマネジメントについて語ってきた。最後は、Z世代の今後を見据えて、最近の会社と従業員のあるべき関係性について言及していきたい。

「相互拘束関係」から「相互選択関係」へ

日本は戦後、「年功序列」「終身雇用」といった日本的雇用慣行により、企業と社員の関係性は守られていた。今でこそ、悪しき慣行だったと言われることが多い「年功序列」と「終身雇用」だが、決してデメリットばかりではない。成長途上の企業にとっては、社員が定着し、長く活躍し続けてくれることは大きなメリットだ。そして、これらの制度は、当時の働く人々の要望にもフィットするものだった。

企業は社員の将来に期待して、社員に経験や技術を提供した。社員は企業と自分の成長を信じ、仕事に打ち込んだ。これは、お互いに裏切ることはないという「相互拘束関係」が前提にあったから実現できたことなのだ。さらに言えば、経済が成長し続けていた時代だったからこそ、長く働くことで経験や人脈を蓄積でき、高い成果を生み出すことができたのだ。

それゆえ、当時はどこの会社でも「長く働く社員こそが優秀な人材である」と評価されていた。

バブルが崩壊して以降、その関係性は変化し、企業と社員の関係は「相互選択関係」に移り変わってきた。成長戦略が見えづらくなり、企業も社員全員の将来に対して責任を負いきれず、人を選抜するようになった。社員も会社に骨をうずめるのはリスクが高いので、自分の働き先として見合わなければ転職を決断する。

お互いに選び合えるというのは、本当に幸せなことである。その時々において最適な関係性を築くことができるのだ。人間である以上、自分の大切にするべきものは変化するし、自分の価値観も変わっていく。会社もまたしかりである。最近では副業も推奨されるようになり、複数社での仕事を同時に経験できるようになってきた。企業も、フリーランスの活用をはじめ、様々な雇用形態を活用することにも慣れてきたように思う。相互選択関係における選択肢がますます細分化・多種類化してきたのである。これからの時代は、もっとその方向性が強くなっていくだろう。相互選択関係こそが企業と個人の理想的な在り方なのだ。

しかし、果たしてそうなのだろうか？

筆者は、相互選択関係社会においては、いろいろな物事や価値観が刹那的になっていく危機感を感じている。目の前で活躍している今の人材は、ビジネス環境や自社の事業に変化が起きたらすぐにでも取り換えることが可能になる。また、個人の側からしても、今の自分にとって向いていないと思ったらすぐに働き先を変えることができる。一見、市場原理に基づいて最適関係を築けるようにも思える。しかし、そこには悲劇も生まれる。社会において求められる活動をできている企業や人は、好きな人材リソースや仕事環境を自由に「選べる」側に回ることができるが、一方で時代や人生の狭間で苦しんでいる企業や人は、自由に選ぶことはできない。それどころか、「選ばれない」状態が加速することで、苦しみはさらに広がっていく。いわゆる二極化によって広がる差は、相互選択社会が生み出す悲劇の1つだ。

企業も人間も一様であることはない、良い時もあれば悪い時もある。そのような苦しい状態を抜け出すために必要なことは、将来に対する目標とそこに向けた強い意志である。「今はこのような業績だけど、将来は必ず復活を遂げる」「今はまだ活躍できるレベルではないけど、スキルを磨いて貢献できる人材になる」という自社や自分への期待と、そこに向けた行動こそが、苦しい環境を抜け出す唯一の道であろう。もし、企業と個人が刹那的な関係にある場合は、将来に対する目標や、そのための行動などは検討するに値しない材料になる。結果として、二極化はさらに広がっていくのである。

ここでは、「企業と社員の関係性」を別の視点から捉え直してみたい。

企業は、社員の労働力を活用して事業を運営し、売上・利益を生み出している。一方で、社員は企業に「キャリア資産」を提供することで、対価として報酬を得ている。キャリア資産とは、仕事で成果を出すための「原資」だと捉えてもらいたい。例えば、労働する時間、提供できるスキル、活用できる人脈などはキャリア資産に当たる。

社員は、入社してからも「この会社は、自分のキャリア資産を提供するに値するか？」ということを考えている。キャリアの浅い若手社員の場合、スキルも未熟で、人脈も少ないだろう。そのため、最大のキャリア資産は「時間」になる。彼らは企業に自分の時間を提供しながら、将来のためにスキルや人脈などのキャリア資産を蓄積しているのだ。将来の果実を得るために、今ある資産を提供するという行為は、まさしく「投資」である。その意味で、若手社員は「時間投資家」だと言えるだろう。

時間投資家である若手社員に対して、企業は何を還元できるだろうか？「時間を提供してもらったぶんの給料を払う」のは、労働基準法で規定されている当たり前の行為だ。それだけでなく、若手社員のキャリア資産を増やすことにつながる何かを提供する必要がある。

若手社員に提供するものと言えば、「仕事」そのものだと考える方もいるだろう。それも間違いではないが、キャリア資産につながる仕事を提供しなければいけない。例えば、刹那的に売上アップに必要な仕事を任せるのは、企業側ばかりに都合の良い考えだ。若手社員におけるる将来のキャリア資産につながらない仕事ばかりを提供していると、若手社員は自分の時間を「投資」するのではなく、「消費」することになってしまう。

キャリア資産につながるものを還元してくれない企業に対し、若手社員はいつまでも「時間」を投資し続けてはくれない。「これは投資ではなく消費だ」と感じるようになると、「時間投資先」としてよりふさわしい他の企業を探し始めるだろう。

若手社員が自分の「時間を投資するに値する会社」の特徴

ここで時間投資家としての若手社員が、自分の時間を投資するうえで求めているリターンや、投資先の安心を担保している材料についてまとめてみたい。若手社員が、仕事を通して将来に活かせる経験や技術を得たり、社内外の人脈を広げたりして、キャリア資産を積み重ねていくことができれば、両者の関係性は持続する。第6章で解説したステージ別のアプローチ方法は、それぞれの年次の若手社員がキャリア資産を積み重ねるための方法論でもあったのだ。

ちなみに、昨今は上場企業を中心に「人的資本開示」が進んでおり、各社が様々な人的資本情報を開示するようになった。人的資本情報の1つとして「社員のキャリア資産を積み重ねるための取り組み」も社内外から注目されるようになっている。

リターン①：経験資産を得られる

自分が働いた時間分の給料以上に得られるものとしては、経験資産がある。例えば、大手企業の営業が得意で、実際にその年度で一番の売上を上げたAさん。社内でこれまでにない業務フローを構築し、業務効率を30％改善したBさん。このような実績は、単に成果以上の価値がその人に対して付与される。それは、履歴書において大きくアピールできるような経験であり、その後のキャリアにおける自分紹介の「タグ」となる。そのような経験資産を得られる可能性があれば、時間を投資するに値する。上司は、若手社員にその経験を通じて何が経験資産になるのかを言語化・可視化することを怠ってはならない。

リターン②：ポータブルスキルを得られる

その会社でしか得られないような知識や技術はどの会社にもある。一方で、そのような知識は技術に習熟すればするほど若手社員を不安にする。なぜならば、他の会社に転用することができないからだ。そこで必要となる観点がポータブルスキルである。ポータブルスキルは第2章でも記載したとおり、業界・職種・地域（文化）・時代を超えて求められる根幹スキルで、具体的にはロジカルシンキングスキルやコミュニケーションスキルである。日々の仕事を懸命にやっていれば着実に身に付くスキルでもあるが、案外このスキルを意識的に提供している会社は少ない。上司は今の仕事を通じて、何が汎用的なスキルとして成長につながるのかを明示していくことが大切である。

リターン③：所属プライドを得られる

人間は、比較の中で自己満足を得られる特性がある。自分が所属している組織が、大学の仲間に自慢できるところかどうかは、キャリア資産を築いていくうえでも大きな要素になる。別に知名度の高い会社でなくても構わない。大切なことは、他者に自慢できる何かがあるかどうかである。「優秀な社員が集まっている」「最先端技術をたくさん持っている」「業界で最も組織力にこだわっている」など、他社と比較した際のオンリーワン性は大切な要素である。そのような特徴は、新卒を採用できるレベルの会社であればどの会社でも言語化することができるはずだ。これらを社内外に明示し続けることで、若手社員は時間投資の意味をさらに深めるはずである。上司は、この自社のオンリーワンポイントを自信を持って語り続けることである。

安心材料①：絵空事ではない方針がある

多くの会社にはビジョンやミッションが存在している。最近ではパーパスという言葉でより上位の存在意義を定義することの大切さなども謳われている。しかしながら、これらの言葉が、日々の活動や経営判断において活かされておらず、ただのお題目になってしまっていることも多い。第2章でも示したように、Z世代において理念戦略（＝指針）に対する期待度は相対的に下がってきてはいるが、それでも必要ないわけではない。金融投資においても同じであるが、約束したことが確実に遂行されるかどうかは投資判断における要である。ホームページに掲げられている方針が、現場レベルで「あれはただの言葉だから」などと揶揄されているような組織では、投資への不安は募るばかりであろう。

安心材料②：リスクに向き合える良質な人間関係がある

ともに働く職場仲間や同期の言動は、想像以上に大きな影響力を持ち、「普通に会話して声が届く距離の人間関係」で、働くモチベーションは大きく左右されるものである。心理的安全性という言葉が最近は注目されているが、その心理的安全性が勘違いして利用されているシーンも散見される。

心理的安全性とは、ハーバード大学で組織行動学を研究するエイミー・エドモンドソン氏が提唱した概念であり、「対人関係において、思い切った行動をしても馬鹿にされることなく許容される関係性」である。

決して、お互いに優しい言葉をかけあうような、陽気で明るい職場を指す言葉ではない。挑戦する者を称え、助け合える関係性の中で育まれるものである。この関係性が伴っていない職場では、時間を投資しようにも、変な足枷に苛まれることになる。

安心材料③：「We感覚」を持っている本気の上司がいる

筆者が個人的に一番大切であると思っている要素である。筆者自身の実感であるが、初期

図表 7-1「時間を投資するに値する会社」の特徴

リターン	① 経験資産を得られる
	② ポータブルスキルを得られる
	③ 所属プライドを得られる
安心材料	① 絵空事ではない方針がある
	② リスクに向き合える良質な人間関係がある
	③「We感覚」を持っている本気の上司がいる

出所：筆者作成

マネジメントの配属においてその上司が誰かによって、後に会社にどの程度の時間投資をするかが決まると思っている。

筆者自身も入社後の上司の存在が今でも一番大きいし、経営者として50人近く毎年採用していた時も、最初の配属先を誰のところにするかということによって定着率が大きく変化した。配属先の上司を誰にするかの判断基準は、「We感覚」を持っているかどうかである。

「会社はこう言っているけど」「上の人は分かっていないみたいだけど」と簡単に自分の会社を評

論家的に語るような上司のもとには、メンバーを配属させることはかなりリスクがある。「私たちの会社は」と自分事として組織を捉えて、本気で良くしようと考えている上司の存在は大きい。

「相互消費関係」から「相互投資関係」へ

以上のように企業は社員に対し、キャリア資産につながるための還元（リターンや安心材料の提供）が必要であるが、相互選択関係である以上、「社員から企業に対する還元」も求められるはずだ。

社員が企業にキャリア資産を投資しているように、企業も社員に「金銭」という資産を投資している。ただ、若手社員はすぐに会社に利益をもたらすのは難しいため、成長して成果を還元するしかない。若手社員が、単に給料をもらうためだけに仕事をこなし、仕事に飽きたら辞めるということを繰り返していたら、企業は若手社員に投資してきた金銭資産を「消費」しただけで終わってしまう。

刹那的な関係性を示すように、「新卒で入った会社は、長いキャリアのファーストステップに過ぎない」と考える若手社員が増えている。時代的な背景もあるので、この考え方を否定するつもりはない。ただ、「企業は社員の将来に期待して投資をしているのだ」ということを、若手社員にも理解してもらえるように促したい。その理解があれば、より健全な関係性を築けるはずだ。

企業と社員が、「金銭」と「時間」を刹那的に交換し合っているだけだと、双方の資産をすり減らすだけの「相互消費関係」に陥りかねない。相互消費関係のもとでは、企業も社員も「選ばれない側」に回ってしまい、ともに望まない未来へと向かってしまう。

そうならないようにするには、企業は社員に経験や技術を提供し、社員は自分と企業の成長を信じて仕事に取り組むことが大切だ。お互いに将来の資産向上を期待している関係は、まさに「相互投資関係」であり、この関係を構築できて初めて、双方の未来の可能性が広がっていくのである。

選ばれ続けるために必要なのは「信頼」

かつて、企業と社員の関係性は「相互拘束関係」だったとお伝えした。あえて繰り返すが、相互拘束関係の時代、企業は社員の将来に期待して、社員に経験や技術を提供した。社員は自分と企業の成長を信じ、仕事に打ち込んだ。

これは、「相互投資関係」において目指すべき、企業と社員の関係性と同じである。「相互拘束関係」と「相互投資関係」が理想とする企業と社員の関係性は同じものなのだ。しかし、その前提に違いがある。「相互拘束関係」は「お互いに裏切ってはならない」という緊張感が前提にあったが、「相互投資関係」は「お互いの将来に期待する」という信頼感が前提にあるのだ。

お互いに選び合うことができる時代において大切なのは、社員が「企業の将来に期待して自分自身を磨き続けること」であり、企業が「社員の将来に期待して機会を提供し続けること」である。そして、その前提には、お互いの将来に期待するという「信頼インフラ」が必要である。相互選択の時代に、選ばれ続けて自由を享受できるかどうかは、「信頼」に値する企業・個人であるかどうかにかかってくる。

本書では、オンボーディングのゴールは「戦力化」ではなく「一体化」であるとお伝えした。これは、若手社員を単なる戦力として捉えるのではなく、ともに未来の発展を目指す仲間になることをゴールとする考え方だと言える。

「一体化」をゴールとしたオンボーディングのプロセスでは、若手社員が「この会社は、自

図表7-2 「相互投資関係」の時代へ

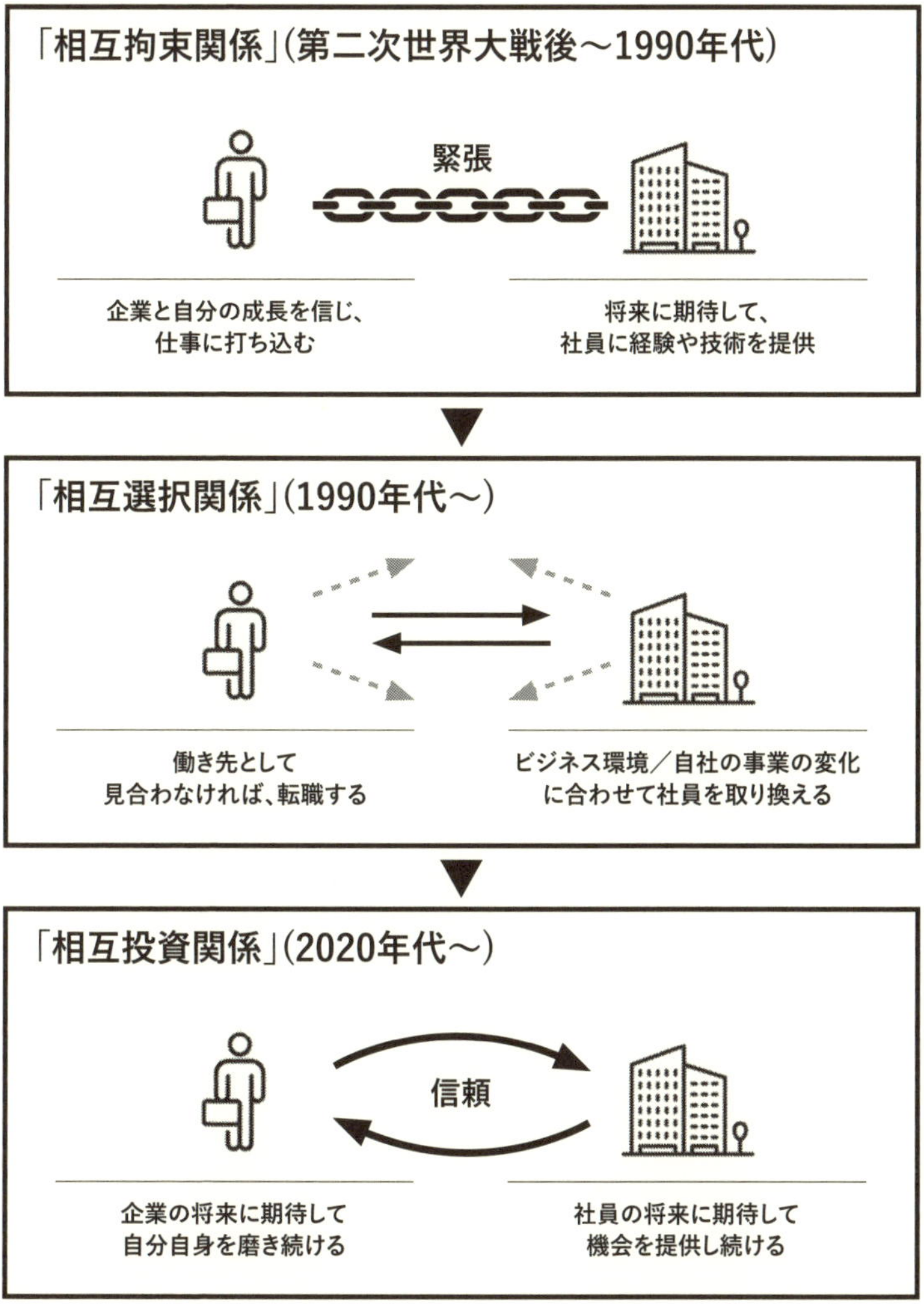

出所:筆者作成

分の時間を提供するに値する会社なのか……？」と悶々とする時間が短くなり、「この会社で一緒に成長していこう」と腹を決めて過ごす時間が長くなっていく。このプロセスを実現するには、企業が若手社員を信頼し、その将来に期待して、キャリア資産を積み重ねるための機会投資を惜しまないことが重要だ。

「一体化」をゴールとしたオンボーディングの先にいるのは、自社のことを「私たち」と言う若手社員だ。本書では、これを「We感覚」と表現した。「We感覚」を獲得できた時、若手社員は新規事業を生み出す企画者になり、次世代の若手を育てる指導者になる。そして、次期管理職候補として頭角を現していくことだろう。経営者にとっては、「We感覚」が育まれた社員が多い状態ほど、心強く、安心できるものはない。

昔も今も、企業と社員の理想的な関係は変わらない。ただし、その関係のベースには「緊張」ではなく「信頼」の2文字がなくてはならない。Z世代をマネジメントするうえで、最も大切なことは、「信頼」をベースに企業が若手社員の将来に期待し続けることであると思う。

おわりに

『Z世代の社員マネジメント』を最後までお読みいただき、深く感謝を申し上げます。「はじめに」でもお伝えしましたが、「〇〇世代」という言葉は、とかくその世代を表すステレオタイプな表現として安易に使われています。ラベリングによって単純化したほうがキーワードとしての浸透が早く、新しいムーブメントを創ることもできます。しかしながら、その言葉によって不必要に踊らされ、または惑わされ、社内メンバーへの対応を迷っているマネジャーに向けて、「これまでの自分の行動は間違っていなかった」という安心感や、「メンバーの個人人格に配慮しつつ、自信を持って指導すればよい」という勇気を届けたかったというのが、筆者の本心です。

本書を弊社のZ世代数名に読んでもらった時に、意外にも「安心しました」という言葉をもらいました。その理由を尋ねたところ、「自分の葛藤や悩みが言語化されていたので、自分自身の心境をクリアにできました」と言います。その言葉を聞いて、筆者も素直に嬉しく思いました。彼らも「Z世代は特殊だから」という世間の言葉に、異邦人的な疎外感を抱いていたのかもしれません。また「Z世代は、これまでとはまったく違う人々」と言わんばかりに過剰なまでに気をつかわれたり、揶揄されたりすることにも、彼らは哀しみを感じていたのかもしれません。

働く人間の本質というのは、変わりません。長い人間の歴史の中で、いつの時代も組織は存在し、若手のマネジメントの問題はあったはずです。それが、ここ十数年という短い時間の中で、本質的な部分まで大きく変わるはずがありません。第6章に山本五十六の言葉を挟み込んだのも、このような思いからです。

マネジメントの在り方を過敏に変更しようとする世間の声には、筆者は大きな違和感を持っています。若手の人材育成という重い責任を負っているマネジャーの皆様には、より大きな自信を持って彼らに接していただきたいと思っています。また経営層の皆様にも、過剰に迎合することなく本質を語っていただきたいと考えています。

このように自信満々に語っている筆者ではありますが、正直に申し上げますと、これまで若手のマネジメントについては失敗の連続でした。筆者が20代の時の初期マネジャー時代には「ブルドーザー」という異名を付けられ、強引なプレイングマネジャーとして多くのメンバーを傷つけてきました。直接会って、謝りたいと思うメンバーもたくさんいます。また、30代半ばでリンクアカデミー代表に就任して以降、毎年50人近い新卒を採用してきました。就職説明会で筆者が直接、自社の未来を語り、共感をいただいた数多くの方に入社の意思決定をしていただきました。しかし、残念ながら3年も経たずに退職される方も多かったのです。ビジョンに共感いただいた新卒の皆様に、それが実現していく絵を信じることができないと退職の意向を伝えられるにつれ、自身の身体の一部が削がれる感覚に近いものを覚える時もありました。だからこそ、「人とは何か」「働くこととは何か」「組織とは何か」「リーダーとは何か」について、深く考えるきっかけをいただきました。また傲慢になることなく、他社の成功事例や自社の成功事例を謙虚に考察する素地をつくることができたようにも思います。

事業運営にも組織運営にも「方法論としての絶対解はない」というのが筆者の信念です。また「こうすれば、絶対にうまくいく！」と謳っている類いのコンサルタントやその書籍は、疑ってかかったほうがいいとも考えています。マネジメントも同様に、絶対解というのはないと思います。自身の経験が積み重なり、対峙するメンバーも変われば、関係性の在り方も変わります。マネジメントにも百社百様のアプローチがあるでしょう。それでも、方法論としての絶対解はないものの、「観点としての普遍性はある」と信じています。

本書で記した「個人人格」「組織人格」「We感覚」「MVP」「PRO」「MGR」「相互投資関係」などの観点は、筆者がこれまでの経験の中で積み重ねてきた、マネジメント哲学です。これらが、マネジメントや経営に悩みを持つ方々の一助になれば幸いです。

最後に、本書の刊行にあたり、感謝の言葉を綴らせていただければと思います。

まず、本書の重要な素材となっている適性検査のデータや事例などは、これまでリンクアンドモチベーションとして、クライアントの成長のために真摯に向き合ってきた多くの社員の方々の努力と成果があったからこそ、得ることができたものです。これまでリンクアンドモチベーションに関わっていただいた社員やクライアントの皆様に、感謝いたします。

また、本書を執筆するにあたり、後押しをしていただいたリンクアンドモチベーションのブランドデザイン室の皆様の存在が大きかったです。「はじめに」にも記したとおり、「私が書いてよいものだろうか」と悩んでいた時に後押しをしていただいたことで、真剣に考えるきっかけをいただきました。特に、本書の執筆プロジェクトを推進していただいた田中裕理さんには、深く感謝申し上げます。筆者は元来、怠惰な性格なのですが、「この本を、絶対に世の中に出したい」と進めている彼女の姿に感化されました。そして田中さんの本気に、勇気と推進力をいただきました。

また、世の中に本当に必要なメッセージを届けたいという動機と、プロとしての観点から、筆者に率直なフィードバックをしてくださった日経BP社の石橋廣紀さん、筆者が運営している会社（カルチベート）の仲間で、業務が忙しい中にあっても、この執筆プロジェクトに時間を割くことを快く受け入れてくれた國田昌弘氏、加賀美碧氏、そして日々私の仕事を応援してくれる家族に感謝して、筆をおかせていただきます。

2024年8月

株式会社リンクアンドモチベーションフェロー　小栗 隆志

小栗隆志

株式会社リンクアンドモチベーション フェロー。
1978年生まれ。2002年、早稲田大学政治経済学部卒、株式会社リンクアンドモチベーション入社（新卒一期生）。人事コンサルタントとして、100社以上の組織変革や採用支援業務に従事。2014年、パソコンスクールAVIVAと資格スクール大栄を運営する株式会社リンクアカデミー代表取締役社長就任。17年、株式会社リンクアンドモチベーション取締役に就任し、経営に携わる。23年より現職。同年、株式会社カルチベートを創業。

Z世代の社員マネジメント
深層心理を捉えて心離れを抑止するメソドロジー

2024年9月11日　1版1刷

著　者　小栗隆志

発行者　中川 ヒロミ
発　行　株式会社日経BP
日本経済新聞出版
発　売　株式会社日経BPマーケティング
〒105-8308　東京都港区虎ノ門4-3-12
装幀・本文デザイン・DTP　中川 英祐（Tripleline）
印刷・製本　中央精版印刷株式会社
ISBN 978-4-296-12293-6

Printed in Japan